Uma experiência em Educação Infantil

Dados Internacionais de Catalogação na Publicação (CIP)
(Câmara Brasileira do Livro, SP, Brasil)

Deheinzelin, Monique
 Uma experiência em Educação Infantil – A fome com a vontade de comer / Monique Deheinzelin. 11ª edição atualizada e ampliada. – Petrópolis, RJ : Vozes, 2016.
 Bibliografia
 ISBN 978-85-326-5148-8
 1. Avaliação educacional 2. Currículos – Avaliação 3. Educação de crianças I. Título.

94-3150   CDD-375.006

Índices para catálogo sistemático:
1. Currículo: Avaliação: Educação   375.006

Uma experiência em Educação Infantil

A fome com a vontade de comer

Monique Deheinzelin

11ª Edição atualizada e ampliada

EDITORA VOZES

Petrópolis

© 1994, 2016, Editora Vozes Ltda.
Rua Frei Luís, 100
25689-900 Petrópolis, RJ
www.vozes.com.br
Brasil

Todos os direitos reservados. Nenhuma parte desta obra poderá ser reproduzida ou transmitida por qualquer forma e/ou quaisquer meios (eletrônico ou mecânico, incluindo fotocópia e gravação) ou arquivada em qualquer sistema ou banco de dados sem permissão escrita da editora.

Diretor editorial
Frei Antônio Moser

Editores
Aline dos Santos Carneiro
José Maria da Silva
Lídio Peretti
Marilac Loraine Oleniki

Secretário executivo
João Batista Kreuch

Editoração: Maria da Conceição B. de Sousa
Diagramação: Sheilandre Desenv. Gráfico
Capa: Omar Santos
Ilustração de capa: Guilherme Maeda (4 anos)

ISBN 978-85-326-5148-8

Este livro teve 10 edições com o título *A fome com a vontade de comer – Uma proposta curricular de Educação Infantil.*

Editado conforme o novo acordo ortográfico.

Este livro foi composto e impresso pela Editora Vozes Ltda.

Ao tão amável povo da Bahia.

Sumário

Prefácio à 11ª edição, 9

Prefácio, 13

Apresentação, 19

Entrevistando Caetano Veloso, 39

Introdução, 55

I – Marco curricular, 59

II – Projeto curricular, 95

III – O jogo, 285

Referências, 301

Índice, 309

Prefácio à 11ª edição

Este livro foi publicado em uma época de muita controvérsia quanto à função educativa nos espaços de atendimento
às crianças de até seis anos de idade. Há muitos anos era difícil para os adultos se renderem à imensa complexidade da
inteligência da criança que um dia todos nós fomos. Pensáva-
mos que nossa função era cuidar bem das crianças e educá-
-las: cuidar bem significava atenção à higiene e alimentação;
educá-las para sociabilidade e aprendizagem dos modos culturais de convívio nos quais as linguagens têm lugar central.
Naquele momento como agora o jogo e a brincadeira são o
modo de expressão próprio da criança – se ficarmos atentos à
sua gênese, desenrolar e alcance (visível na alegria e satisfação de quem brinca bem) compreenderemos a pessoa desde
seus primeiros anos de vida. Nesta edição revista e ampliada
seguimos assumindo uma intenção educativa na qual se con-
jugam necessidade (a fome) e possibilidade (a vontade de comer), abrindo caminhos para a produção de conhecimentos.

Nos vinte anos decorridos desde a primeira edição terá
mudado a nossa concepção sobre a criança que nos habita? Penso que, infelizmente, muito pouco, naquilo que nos

toca, que é aclimatá-la – acolher a criança em um mundo já existente regido pelo olhar do adulto. E nós adultos, em lugar de acolher a criança que subsiste dentro de nós, e aprender com ela, seguimos fazendo enormes esforços para trazê-la a tudo aquilo que já existe – o mundo maravilhoso da cultura a ser consumido.

Entretanto, o que é próprio da criança – a inteligência sensório-motora – segue regendo suas ações, atingindo em cheio a intencionalidade educativa no ensino e na aprendizagem das áreas de conhecimento na Educação Infantil, dando-lhe feições próprias que vão reverberar em toda a vida da pessoa.

O jogo – faz de conta – brincadeira segue sendo a linha-mestra na vida da criança: aliado à observação, constitui a fonte do imaginário e da construção de conhecimentos. Assim, todo aparato eletrônico que constrange o fluxo da imaginação ao conformar a criança em passos previstos e imagens prontas pode ser descartado, pois produzirá diversão, dispersão e não a necessária concentração quando se quer – e precisa de – recolhimento para se pensar os objetos do mundo e exercer nossa criação sobre eles.

Podemos contar com o fabuloso mundo digital – que nestes vinte anos ganhou dimensões nunca antes sonhadas abrangendo nosso cotidiano de modo espetacular –, para brincar e exercer a criatividade com seus recursos; não para nos conformar ao consenso de um mar de coisas prontas. Na internet, em programas para produção de textos, captação e tratamento de imagem e sons, modos de comunicação compartilhada abrem-se caminhos para que sigamos sempre aprendendo, o que tentamos fazer aqui. Para crianças e professores, o mundo regido pela passagem (1) ou não passagem de elétrons (0), em que tudo é inscrito ou representado neste sistema de dois dígitos, pode oferecer abertura – possibilidades de aprendizagem, presentificação; ou fechamento – impossibilidade de exercer nosso próprio pensamento, ausência de si próprio.

O que a criança nos ensina: a estar presente nas próprias ações. Caso contrário ela não sobreviveria! Nós não teríamos sobrevivido. É só na própria experiência que podemos estar presentes, criar procedimentos para nos situar, resolver situações-problema, gerar outros modos de olhar e compreender o mundo. De modo que para nós, professores na Educação Infantil, a questão segue sendo compreender que processos de aculturação das crianças nem sempre incluem processos de construção de conhecimentos – onde podemos aprender, e manter a abertura para continuar a aprender ao longo da vida.

A experiência de continuar a aprender se dá em dimensões culturais significativas, relevantes, expressivas, em que cultura e conhecimento têm vínculo pela expressão. E o que move a necessidade de se expressar é o afeto. Como nos afetamos pelas pessoas, pelos aspectos do mundo? A qualidade deste afeto é o que vai mobilizar nossas ações.

Esta edição revista, atualizada e ampliada deve-se ao trabalho diligente de Rita Deheinzelin Kohl de Oliveira, a quem muito agradeço. Agradeço a Priscila Monteiro pela possibilidade de incluir parte de seu texto que elucida como trabalhar com Matemática. Regina Scarpa viabilizou a atualização do material sobre leitura e escrita, tornando o trabalho com Língua Portuguesa mais consequente, especialmente no esclarecimento do espaço entre alfabetização e letramento.

Agradecimentos entusiasmados aos irmãos Rodrigo e Caetano Veloso pela entrevista dedicada às professoras de todo Brasil! Mais uma vez e sempre agradeço a Maria Dolores Coni Campos pela atenta e cordial introdução à nova edição.

Agradecimentos muito especiais – a minhas netas Eva e Leona Tzirulnik Guedes pelas ilustrações e ao meu neto Benjamim Cunha Pavese pelo sorriso inspirador.

São Paulo, agosto de 2015.

Monique Deheinzelin

Prefácio

Ao longo de sua breve história, a Educação Infantil[1] tem proposto às crianças atendidas em seus espaços atividades recreativas, assistencialistas e preparatórias. Estas atividades estão fundamentadas em princípios que veem as crianças, ora como seres imperfeitos – devendo ser mais bem formados para terem o direito de ingressar na sociedade humana –, ora como criaturas inocentes que não precisam ainda interagir com os acontecimentos sociais.

Entretanto, as crianças no Brasil, por mais difíceis que sejam as condições em que vivem – diante da situação de extrema injustiça social e econômica em que estamos hoje mergulhados –, encontram formas de viver com plenitude as questões contemporâneas. Utilizam a televisão e os meios digitais como principal fonte de informação, uma vez que em suas casas e na escola os adultos acham desnecessário

---

1. Na edição anterior, usava-se aqui o termo "pré-escola", mas atualmente esta etapa da educação é chamada de Educação Infantil, sendo a pré-escola apenas uma subdivisão desta categoria. Além disso, conforme será discutido no capítulo "Nível pedagógico", o termo "pré-escola" contém uma visão da educação desta faixa etária como algo preparatório, o que vai de encontro à postura desta proposta curricular [N.E.].

colocá-las a par do andamento das coisas do mundo, bem como de suas próprias ideias.

Esta situação pode conduzir a criança a impressões e sentimentos confusos e contraditórios, uma vez que, de um lado, o mundo descortina-se para ela com toda sua beleza e crueldade, as coisas muito boas e as tenebrosas ocupando lugares equivalentes; de outro lado, a criança não recebe parâmetros e informações estruturantes que permitam a ela formular com autonomia ideias éticas sobre as pessoas e os acontecimentos.

Submetidas a um amplo universo de fatos difíceis a serem conhecidos, as crianças ficam a descoberto, desprotegidas na sua tentativa de compreendê-los. Assim, mesmo quando suas necessidades de alimentação e cuidados básicos estão atendidas, as crianças não são consideradas interlocutoras e em consequência não encontram no convívio com os adultos ferramentas para a compreensão do mundo.

Ocorre que as crianças, como todos os seres humanos, estão destinadas a exercer o pensamento, este pensamento que expectora / o que no meu peito penso (Arnaldo Antunes), e que passando sempre pelos férteis meandros da imaginação, produz os mais diversos caminhos do conhecimento humano. Entendendo o pensamento como o livre-acordo entre razão, sensações e sentimentos e a força da imaginação, concluímos que conhecer sentindo e sentir conhecendo (Olgária Matos), este anticartesianismo da dialética segundo Walter Benjamin, constitui um dado de referência importante para elaboração de um currículo de Educação Infantil.

A natureza do conhecimento humano é inventiva, construtiva. Nela as informações não são prefixadas, mas funcionam como pilares que geram transformações. Assim, a chave do saber são as transformações geradas pela capacidade inventiva das pessoas – qualquer que seja sua idade, diga-se de passagem.

A origem de todo pensamento humano é a imitação, entendida segundo o ponto de vista do construtivismo piagetiano como uma espécie de representação em atos. Ora, toda representação supõe estabelecer diferenças entre as coisas em si e os seus múltiplos significados. Esta diferenciação prevê o exercício da função simbólica, da capacidade de elaborar imagens, símbolos, ideias, linguagens para representar as coisas.

Assim, a imagem que temos do mundo é fruto da criação e combinação de esquemas do nosso pensamento, das nossas formas de representá-lo. Quando conseguimos pensar o mundo, isto é, refletir com autonomia a respeito de suas conformações, então possuímos a chave do saber, temos a possibilidade de transformá-lo.

Então, se a imitação está na base do saber, o que pode ser oferecido pela escola como regras, normas e pertinências dos sistemas a serem transformados continuamente pelos estudantes, por intermédio de gestos intelectuais inicialmente imitativos? O que se imita são as características internas dos objetos sociais de conhecimento, com sua dimensão social e histórica compondo a cultura organizada do mundo para onde as crianças são catapultadas ao nascer.

Justifica-se assim a intencionalidade educativa de trazer, para o convívio íntimo das crianças pequenas, elementos da Língua Portuguesa, Matemática, das Ciências e Artes essenciais para a vida contemporânea na sociedade brasileira, a partir dos quais as crianças poderão estruturar ideias transformadoras sobre o mundo em que vivem, uma vez que a criação não é um fruto de geração espontânea, mas depende de informações que façam sentido para o aprendiz.

***

Este livro deve sua existência às preciosas contribuições de pessoas, às quais dirijo todos os meus agradecimentos:

À equipe da Gerência de Educação Infantil (GEI), do Departamento de Ensino (DEE), Secretaria de Educação do Estado da Bahia, pela oportunidade ímpar de elaborar e redigir esta proposta curricular. Em especial, Solange Leite Ribeiro e Maria Dolores Coni Campos, pelo crédito e força potente no trabalho.

A Ordep Serra, professor de tantas culturas, que elaborou especialmente para esta proposta o seu lastro antropológico.

A Lino de Macedo que, de forma brilhante, contribuiu com o artigo "Qual Hefestos ou Afrodite", especialmente elaborado para esta proposta.

A Maria Sampaio (*in memoriam*) que na edição original transformou em magia de imagens a leitura do texto.

À Secretaria de Educação de São Bernardo do Campo, São Paulo, que cedeu gentilmente a história da numeração de sua proposta curricular.

A Ana Teberosky, mestra de Barcelona, pelos fundamentos para o trabalho sobre Língua Portuguesa.

A Lúcia Pilla Damasio que pacientemente teceu as páginas todas assim editoradas.

E a Pedro Caetano Guedes que desenhou o mundo dos números.

A todos da Escola da Vila, em São Paulo, o meu muito obrigado.

São Paulo, 16 de maio de 1994.

Monique Deheinzelin

Apresentação

Maria Dolores Coni Campos *

Ao apresentar esta nova edição de *A fome com a vontade de comer* ocorreram lembranças que me levaram ao começo dos anos de 1990, em Salvador, e, mais particularmente, à Secretaria de Educação e Cultura do Estado da Bahia (SEC), que implantava a Gerência de Educação Infantil (GEI), momento em que fomos convidadas, Solange Leite e eu, a fazermos parte da equipe que acabara de tomar posse, assumindo a gestão de um novo período[2]. Foi durante este trabalho que conheci Monique, dando início ao processo que gerou este livro.

---

* Mestre em Educação UFF/RJ, especialista em Educação Infantil/UEC e em Leitura PUC/Rio. Tem artigos e livro publicados. Realiza seu trabalho em encontros de conversas com diferentes públicos, trabalhando educação entrelaçada de leituras. Foi subgerente da Gerência de Educação Infantil da Secretaria de Educação do Estado da Bahia (1991/1994), quando a proposta curricular de Educação Infantil foi elaborada, publicada e implantada nas classes de pré-escolas da Rede Oficial de Ensino da Bahia. Gosta de afirmar que a Escolinha de Arte do Brasil (1960), na condução de Augusto Rodrigues e Noemia Varela, no Rio de Janeiro, foi sua escola-fonte.

2. Em 1991 a Profa. Dirlene Mendonça foi indicada para dirigir a Secretaria de Educação e Cultura do Estado da Bahia (SEC) e convidou Solange Leite Ribeiro e Maria Dolores Coni Campos como gerente e subgerente da Educação Infantil fazendo parte da sua equipe junto ao Departamento de Ensino, que tinha como diretora a Profa. Meire Evangelista Rodrigues [N.A.].

À medida que íamos nos organizando como equipe, tomávamos também conhecimento de como a Secretaria de Educação vinha se conduzindo frente às salas de aula das crianças da faixa etária de quatro a seis anos. Verificamos que, no Departamento de Ensino da gestão anterior, havia um grupo de trabalho que se responsabilizara pelas então classes da pré-escola, tendo este grupo elaborado uma proposta curricular em 1985. Ao examinarmos essa proposta percebemos que ela não acompanhava as demandas pedagógicas do momento, argumento que nos impulsionou a uma revisão e busca de uma formulação mais adequada.

Decidimos analisar outros projetos curriculares mais atuais, e nos debruçamos sobre seus conteúdos. Entre os que chegaram às nossas mãos, atentamos para um projeto desenvolvido em dois volumes impressos e vinte programas de TV, em fitas VHS, intitulado *Menino, quem foi teu mestre?*, das professoras Monique Deheinzelin e Zélia Vitória Cavalcanti Lima. Tratava-se de uma realização da Fundação Roberto Marinho, em convênio com o Ministério de Educação e Cultura (MEC), direcionado à formação de professores da pré-escola.

Os dois livros que faziam parte deste programa apresentavam um embasamento teórico com o título de *Professor da pré-escola*. Ao estudarmos esse programa concluímos que seus textos eram bastante consistentes. Os dois livros muito bem cuidados, com ilustrações preciosas, bem escolhidas, originais.

Professor da pré-escola. Vol. I, p. 156-157 (Sonia Lorenz).

A arte imperava em todo o contexto e seu conteúdo estava bem de acordo com os enfoques teóricos mais avançados, dirigido às crianças pequenas. Os dois volumes, em diferentes capítulos, apresentavam-se numa linguagem inteligente, instigante, fugindo do já estabelecido. Tudo bem inovador. Abraçamos esse programa como ponto de partida.

Por coincidência, soubemos que uma das autoras, Monique Deheinzelin, chegava a Salvador para dar um curso sobre *Currículo na Educação Infantil*. Nossa gerente da GEI fez o curso, ficando muito mobilizada com a discussão que vivenciara entre os participantes e a educadora autora, o que nos levou a convidá-la para conhecer nosso trabalho. Estávamos bem no início da implantação da GEI.

Nossa sala era relativamente pequena, assim como nossa equipe. Monique, ao chegar, sentiu-se identificada com o nosso ambiente de trabalho, comentando que ali encontrara um espaço diferente do normal das repartições públicas. Havia quadros de arte espalhados pelas paredes, cestas com livros. E, na entrada, uma estante que lhe chamou atenção por estar ornamentada com conchinhas, sementes, pedrinhas, peças de artesanato, caixinhas, vasinhos com flores, tudo escolhido com delicadeza e simplicidade, selecionados por serem objetos próximos do mundo da criança. Aquela estante revelava o perfil da GEI e do caminho que pretendíamos seguir: o da educação entrelaçada com arte e cultura.

Monique veio a ser, de fato, a educadora escolhida para acompanhar a GEI em sua caminhada. Essa educadora trazia uma experiência de campo trilhada numa escola-modelo de São Paulo, instituição onde vinha se dedicando à formação de professores e às classes de seus alunos. E, além de tudo, Monique se revelava uma pessoa sensível, portadora de uma bagagem intelectual densa, além de ser uma especialista em crianças da faixa etária de zero a seis anos.

A tônica de nossa primeira conversa foi a de que realizaríamos um trabalho centrado na elaboração de uma proposta curricular a ser implantada, envolvendo os professores de pré-escola da Rede Oficial de Ensino do Estado da Bahia. O primeiro passo seria escutar os anseios dos educadores, daqueles que trabalhavam diretamente em salas de aula das classes de pré-escolas. Pretendia a GEI oferecer ao professorado uma formação que resultasse em seu crescimento e aprofundamento no propósito de *instigá-lo, elevá-lo, impulsionando-o para o alto*. Este foi o desejo expresso por Monique ao chegar, e a GEI o abraçou.

Firmado o compromisso da consultoria, ficou acertado que Monique deveria estar conosco, participando da reflexão que nos conduziria à elaboração da almejada proposta curricular, devendo vir uma vez por mês de São Paulo, onde residia, e permanecer em Salvador pelos cinco dias úteis da semana.

A Secretaria de Educação trabalhava junto ao Instituto Anísio Teixeira (IAT), órgão em regime especial de administração direta da SEC, que tinha por finalidade planejar e coordenar estudos e projetos referentes a ensino, pesquisa, experimentações educacionais e qualificação de recursos humanos na área de educação. Para a execução da política de formação dos professores da Rede Oficial de Ensino da Bahia, o IAT dispunha de um Centro de Aperfeiçoamento com estrutura física, localizado em Salvador, com capacidade de oferecer hospedagem, salas de aula, auditório, acompanhamento e elaboração de programas. Também faziam parte da estrutura do IAT os Núcleos de Tecnologia Educacional (NTE), distribuídos em 14 municípios. Os NTE objetivavam difundir cultura e comunicação na Rede Oficial de Ensino, promovendo cursos, dando suporte tecnológico, acompanhando e avaliando os projetos pedagógicos das unidades escolares com sua área espacial de atuação.

Para desenvolver o programa de sensibilização, estudo e implantação da proposta curricular, a GEI contou com o apoio decisivo do IAT e partiu-se para a luta visando realizar um trabalho em campo, envolvendo os professores que atuavam nas salas de Educação Infantil da rede oficial. Para viabilizar a formação destes professores, fomos buscar o apoio das universidades localizadas nos 14 núcleos onde o trabalho deveria se desenvolver. A GEI apresentou sua proposta de trabalho aos professores dessas universidades, fazendo um convite àqueles que desejassem se aproximar do projeto que seria desenvolvido através de encontros de formação com o professorado de suas regiões; contariam também com o apoio das DIRECs (diretorias regionais de educação da SEC). Assim, a equipe de trabalho foi se formando, tornando-se necessário introduzir ainda outros especialistas convidados para completá-la.

Ficou acertado também que os encontros com os Educadores/Formadores aconteceriam em Salvador, na sede do IAT, uma vez por mês, com a presença da consultora Monique Deheinzelin. Após esses encontros, os integrantes do grupo voltariam às suas localidades e às universidades, aguardando o próximo passo.

A GEI passou a organizar e viabilizar este processo de formação, direcionado aos professores das classes das pré--escolas. Os encontros regionais passaram a acontecer uma vez por mês em cada um dos 14 núcleos formados pelo IAT, com duração prevista de três anos. Enquanto este processo se desenvolvia, a proposta curricular ia sendo pensada, refletida, esboçada; sendo concebida e elaborada.

Vivenciamos uma dinâmica viva, entrelaçada de escutas, trocas, estudos, aprofundamento teórico que marcaram os três anos programados, tempo necessário para que Monique Deheinzelin pudesse apresentar à Gerência de Educação Infantil o rascunho de uma proposta, elaborada por ela, fruto desta vivência entre a GEI, educadores, formadores e professores. Em seguida, a equipe da GEI debruçou-se sobre esta proposta para uma leitura coletiva e cuidadosa, até festejar a sua publicação aprovada.

E não demorou muito para sentirmos a alegria de folhear o livro editado: *Uma proposta curricular de Educação Infantil*.

Tratava-se de uma publicação de peso, inovadora, permeada de fotos de autoria da Maria Sampaio, que, com seu olhar aguçado e sensível, conseguiu refletir em suas fotografias a imagem da criança pequena e de sua cultura baiana, ofertando de quebra o mar e os encantos da Bahia. Para a capa desta proposta curricular foi escolhida a foto de uma criança de cerca de cinco anos, vestida com sua roupa de baiana, possivelmente

Capa de *Uma proposta curricular de Educação Infantil* (Maria Sampaio).

aquela que veste no terreiro de candomblé que frequenta em sua comunidade. Nas mãos, essa menina trazia sua quartinha com água de cheiro, levando a crer que ela caminhava em direção à Igreja do Senhor do Bonfim, no dia em que se realiza o ritual da lavagem das escadarias da Igreja. Bela homenagem a essa baianinha, representando suas companheiras, crianças baianas de quatro a seis anos de idade.

Lembro-me bem de que, desde o início da chegada da Monique à GEI, ela levantava uma questão: *Como aproximar a função do professor da função do artista?* Uma frase do Prof. Willi Bolle a acompanhava e a fazia refletir: *Muito mais próximo da criança do que o pedagogo bem-intencionado está o artista, o colecionador, o mago*[3].

O desafio de Monique veio a ser o de pensar e refletir uma possível Proposta que pudesse aproximar o professor da sensibilidade de um artista, durante o exercício da sua função. Segundo ela, esse binômio educador/artista facilitaria o trabalho de interação entre os educadores e *seus alunos, na expectativa de que viessem a saber como transformar os conhecimentos prévios, criando novos caminhos para o conhecimento humano.* Afirmava ainda a consultora da GEI: para que o professor tivesse o domínio dessa função artística idealizada, seria necessário adotar um currículo, como guia inspirador e como instrumento indispensável ao cumprimento do ideal sonhado e planejado.

A proposta curricular de Educação Infantil apresentada e publicada era composta de duas partes: Um marco curricular e um projeto curricular. O marco curricular traz os pressupostos conceituais que fornecem o lastro para a sustentação e a compreensão das relações de ensino-aprendizagem, composto de quatro níveis: o antropológico, o filosófico, o psicológico, o pedagógico.

---

3. Willi Bolle, professor de Língua e Literatura Alemã na Universidade de Campinas, citado por Louis Porcher em *Educação artística, luxo ou necessidade?* Esta frase encontra-se no frontispício do Boletim do Projeto *Fazendo Artes*, n. 10 [N.A.].

O nível antropológico traz uma contribuição significativa de Ordep Serra, antropólogo baiano, que acentuou questões importantes para que pudéssemos entender melhor a criança pequena. Será oportuno ressaltar alguns desses pontos: ...*a educação das crianças deve ser também inspirada pela infância: até porque lhe cabe assegurar que, tanto quanto possível, esta se preserve pelo resto da vida.* Ele ainda pontua: *A Educação Infantil implica uma exploração do imaginário.* A meu ver, o Prof. Ordep Serra, com sua visão antropológica, está nos advertindo quanto à importância do profundo respeito que devemos dispensar à criança, em sua inteireza, singularidade e alto poder de imaginação. Assinala ainda que a criança deve ter o direito de se expressar livremente. E, refletindo sobre esses pontos de vista, Monique complementa: *A criança não é um vir a ser, mas sim alguém que já é desde sempre uma pessoa, que, mesmo dependendo durante muito tempo dos adultos para se alimentar e locomover, deve poder exercer, em plenitude, suas capacidades afetivas e cognitivas. Partindo deste pressuposto teremos que descartar forçosamente da Educação Infantil todo e qualquer procedimento preparatório.*

No nível filosófico, a autora recorre à história da filosofia para nos lembrar como a criança vem sendo considerada ao longo dos tempos e recorre às tradições de pensamento empirista, racionalista e dialético para melhor se colocar frente à suas considerações. Faz-se necessário o estudo desse marco para que possamos acompanhar a valiosa reflexão da autora na defesa do pensamento dialético.

O nível psicológico trata do caráter singular da construção do conhecimento: *cada pessoa pensa de um jeito, mas existem características que são comuns a todos os jeitos de pensar*, alerta a autora. Esclarece ainda, quanto ao funcionamento da inteligência humana: *recorrendo-se à ideia de uma caixa-preta que processa dados, informações e experiências sensíveis, resultando deste processamento aquilo que cada indivíduo sabe em cada instante no fundo, aquilo que ele possui de realmente seu, seu único tesouro (daí a importância do conhecimento para o ser humano).*

É ainda neste nível psicológico que Monique traz o pensador Jean Piaget que, segundo ela, é quem melhor *(porque com grande beleza) e mais profundamente (porque com imenso grau de abrangência) formulou ideias sobre o que estamos chamando aqui de "funcionamento da caixa-preta".* Ao trazer Piaget, a autora ressalta que ele descreve o funcionamento da inteligência humana como contínuo ao longo da vida de uma pessoa. E que, para melhor compreendermos esse funcionamento, Piaget desenvolveu estruturas de pensamento diferentes, descritas nos famosos estádios: sensório-motor, pré-operatório, operatório concreto e operatório formal, tão nossos conhecidos. Indo um pouco mais além quanto ao entendimento do conceito construtivista e as características que envolvem cada um dos estádios concebidos por Piaget, a autora nos apresenta um belíssimo texto, *um mito*, elaborado por Lino de Macedo, estudioso de Piaget e professor da USP.

Chamo atenção de todos os colegas professores para a importância desse mito do Prof. Lino de Macedo, aconselhando-os a fazer uma cuidadosa leitura deste belo artigo: *Qual Hefestos ou Afrodite*. Este texto, em especial, vem me ajudando consideravelmente quando realizo cursos, oficinas e encontros, envolvendo públicos diversos que extrapolam a área da Educação Infantil.

Em minha percepção, Lino de Macedo foi muito feliz ao acentuar o difícil processo de transformação pelo qual Hefestos passou. Hefestos, coxo e desengonçado, era o esposo de Afrodite, a deusa da beleza e desejada pelos deuses do Olimpo. Ao saber-se traído pela companheira, resolveu construir uma teia, idealizando aprisioná-la no momento da sua traição. Porém, para tecer seu intento ele se inspirou na beleza da sua esposa, e assim foi desenvolvendo uma tecedura dentro de um processo de criação, superando-se em cada etapa do seu fazer criador. Foi desta forma, se aprimorando cada vez mais e mais, que obteve a graça de ser considerado, pelos seus companheiros do Olimpo, um artista.

Trabalhar com a arte requer desenvolver a sensibilidade. Monique sabe com propriedade essa questão; ela vive e atua em processo contínuo de aprimoramento sem desviar-se do seu viés intelectual, tão inerente à sua pessoa. Monique, tal qual Hefestos, vem se transformando e se apurando, em cada fazer, em cada pensar e, justamente por isso, percebe-se criadora.

Na proposta curricular da Educação Infantil concebida por Monique Deheinzelin, que tenho a alegria de apresentar nessa nova edição, ela nos alerta: *Se a educação quiser ser a chave do mundo – lugar de acesso a seus mistérios –, terá que necessariamente trabalhar com transformações, e não com repetições como tem sempre feito*. E para complementar essa questão da transformação e da arte, a autora vai ainda ao encontro do Vygotsky, estudioso russo que nos legou expressivas contribuições: *o desenvolvimento cognitivo é processo para adquirir cultura*. Reconheço nessa conceituação do estudioso russo a crença de alguns educadores brasileiros, que vêm se empenhando por uma Educação Criadora fecundada pela cultura.

Monique, ao nos apresentar o nível pedagógico, faz uma expressiva advertência: *Como vimos no nível psicológico, a transformação é a chave do saber; se o saber é assunto da escola, a escola é o lugar que deve propiciar transformações*. E o que são os saberes, senão a cultura? Diante dessa compreensão, a autora reflete ainda, nesse nível pedagógico, a função da Escola de Educação Infantil como sendo a de *"colocar à disposição das crianças as regras, normas e convenções dos objetos de conhecimento. Em poucas palavras, ensinar às crianças elementos fundamentais de nossa cultura"*.

Em outro tópico desta proposta a autora nos convence da importância de se chamar a educação dessa faixa etária de Escola de Educação Infantil e não pré-escola, como vinha sendo considerada.

A autora esclarece sua posição: *Começarei discutindo o termo "pré-escola". O prefixo "pré" diz de algo que precede, que prepara; não é sem razão que este segmento da es-*

colaridade do qual estamos tratando chama-se pré-escola, uma vez que sempre teve uma intencionalidade preparatória: preparar para a vida, preparar para o desenvolvimento integral da pessoa, preparar para o ingresso da criança no 1º Grau[4]. *Entretanto, assumimos no nível antropológico desta proposta que a criança não é um vir a ser: ela é desde sempre uma pessoa, um ser pensante, pulsante, que tem o direito de viver com plenitude cada instante de sua criação. Por esta razão, descartamos todo e qualquer procedimento preparatório da pré-escola, motivo pelo qual não faz mais sentido chamá-la de pré-escola. Em falta de termo melhor, passaremos a chamá-la de escola de Educação Infantil.*

Monique chama atenção também para a questão relativa ao caráter assistencialista de nossas escolas brasileiras: em grande número das nossas salas de pré-escolas, os procedimentos são centrados nas necessidades básicas como alimentação, higiene, atendimento de carências afetivas e emocionais. Segundo a autora, na proposta em pauta *os cuidados com as crianças ganham outras amplitudes e sentidos quando a Educação Infantil revela sua função, que é a transformação – pela aprendizagem – dos objetos de conhecimento. Sem deixar de alimentá-las, os professores podem agora propiciar às crianças experiências significativas;*

---

4. Com a Lei de Diretrizes e Bases da Educação de 1996, a etapa da educação básica anteriormente chamada de 1º Grau passou a ser chamada de Ensino Fundamental. Em 2006, a duração dessa etapa foi ampliada de oito para nove anos, com o acréscimo no ensino obrigatório da chamada Classe da Alfabetização, para crianças de seis anos [N.E.].

sem descuidar do dia a dia, o professor cuidará também da aprendizagem – sua e de seus alunos –, na medida em que todos estarão em um ambiente de criação e descoberta; e finalmente os professores e as crianças poderão expressar seus afetos em situações de trabalho cooperativo.

*Em outras palavras, temos na Educação Infantil a oportunidade de **juntar a fome com a vontade de comer**, satisfazendo, ao mesmo tempo, necessidades e possibilidades.*

Assim, ao conceber a função do professor, Monique se inspira e extrai o título do seu livro: *A fome com a vontade de comer – Uma proposta curricular de Educação Infantil.*

Neste livro, além de preservar a reflexão e o estudo que lhe permitiram escrever a proposta da Bahia, a autora também conserva as duas partes ali concebidas: o marco curricular que tentamos apresentar acima e uma segunda parte, que vem a ser o projeto curricular. Na segunda parte, a autora define os objetos de conhecimento como sendo *os elementos culturais básicos para a vida em sociedade* e os organiza nas seguintes áreas que compõem o projeto curricular: Língua Portuguesa, Matemática, Ciências, Artes. A autora passa então a detalhar cada uma destas áreas, sugerindo ainda maneiras de trabalhá-las em sala de aula.

Ninguém melhor do que Monique para nos inspirar quanto à nossa atuação nas salas de Educação Infantil. O estudo desse campo vem sendo sua escolha de vida e razão de seu estudo, onde consegue entrelaçar, entre desafios, as questões da ciência e da arte. Posso assegurar, por conhecê-la de perto, que a autora deste livro é uma pesquisadora fina, apaixonada e consciente do que faz. Sua forma de relacionar-se em sala de aula é bem original e reveladora da dimensão reflexiva e criativa de sua pessoa, decorrente de sua atuação nas salas com as crianças pequenas.

Resta-nos beber na abundância dessa autora, pessoa, educadora, companheira que, como ninguém, sabe mergulhar até às raízes dos fatos e que, ao emergir, traz consigo a garra e a chama de seu aprendizado, em contínua ebulição. Ela surge efervescente e desejosa de intercambiar suas experiências, que vêm à tona, imbuídas da *Fome com a vontade de comer* resultante de todo este movimento. São idas e vindas encharcadas de desafios, instigações, provocações e alertas para que não nos acomodemos e possamos avançar, continuamente, como profissionais que somos e devemos ser.

Nesta *fome com a vontade de comer*, Monique recorre a Caetano e a seu canto e nos convida a refletir: *Tudo certo como dois e dois são cinco*[5]. Lendo os versos de Caetano sou levada a pensar que não existe uma forma matemática de se trabalhar e de se viver. Acredito que os professores, ao desenvolverem seu planejamento para exercer sua função em salas de aula, se voltam para seus acervos – internos e externos, pessoais e sociais. Acervos de saberes e fazeres provenientes de experiências vividas e acumuladas; histórias impregnadas de uma herança e bagagem cultural adquiridas ao longo de sua trajetória de vida; saberes culturais que não

---

5. DEHEINZELIN, M. *A fome com a vontade de comer* – Uma proposta curricular de Educação Infantil. Petrópolis: Vozes, 1994, p. 50.

podem ser descartados por serem verdadeiros aliados do processo de interação que acontece em salas de aula.

Referindo-me a história e a experiências, lembro-me dos estudos do Walter Benjamim, que tanto se dedicou a essas questões e que, neste livro, é evocado pela autora. Evoco também um texto de Jorge Larossa, pedagogo espanhol, quando ele ressalta seu estudo sobre o valor da experiência: *sujeito de experiência se define por sua disponibilidade, por sua abertura*[6].

Finalizando, recordo em particular o processo dinâmico que vivenciamos ao implantar a proposta curricular nas classes de Educação Infantil do Estado da Bahia. Foi, de fato, um momento de efervescência de ideias, de estudos, de reflexão, de muito aprendizado. Naquela mesma ocasião (1991/1994), a GEI (Gerência de Educação Infantil), teve o cuidado de selecionar um acervo de livros técnicos e de literatura para enviar a todas as Diretorias Regionais de Educação (DIRECs) visando oferecer aos professores das classes de crianças de quatro a seis anos de idade uma mini e significativa biblioteca para que alunos e professores viessem usufruir deste precioso acervo – um convite à leitura – como oportunidade pura de se aprimorarem e crescerem como pessoa.

E retomando a questão de como aproximar o professor da arte, do poético, da magia, transcrevo, em realce, um tre-

---

6. Jorge Larossa Bondía: *Notas sobre a experiência e o saber de experiência*. Larossa é doutor em Pedagogia pela Universidade de Barcelona, onde atua como professor titular de Filosofia da Educação. Publicou diversos artigos em periódicos e tem dois livros traduzidos para o português: *Imagens do outro* e *Pedagogia profana*.

cho de *A fome com a vontade de comer* quando, citando-o, Monique aproxima Benedito Nunes dos instrumentos do professor: *A confiança que se deposita na arte pertence ao gênero dos atos esperançosos. A educação artística encerra uma nova "esperança na educação"*[7] *– como fermento da reativação da cultura da época – e é um chamamento utópico, na acepção forte da palavra, a um outro humanismo cheio de modéstia, que não pretende ensinar-nos senão aquilo que devemos reaprender com os versos de Hölderlin: a habitar poeticamente a Terra*[8].

Falando em poesia, penso em crianças. Quanto menores, mais poéticas se revelam. Em meu acervo pessoal e no meu coração, venho guardando diferentes experiências vivenciadas ao lado destes pequeninos tão amoráveis. Muitas vezes, meus encontros com eles acontecem em escolas; outras vezes, em bibliotecas, livrarias, centros culturais... E ainda, em outras ocasiões, meninos e meninas chegam a mim, naturalmente, entrando e marcando a minha vida.

Convivendo com crianças retorno, quase sempre, à infância: canto, brinco, pulo, converso, leio, conto histórias, acalento com cantigas de ninar. E, em especial, exercito minha atenção, escutando-as e aprendendo através do seu raciocínio ágil, preciso, fantasioso...

---

7. FURTER, P. *Educação e reflexão* e *Educação e vida*, citado por Benedito Nunes.

8. NUNES, B. Palestra no *Encontro Nacional de Educação Artística* (MEC/Funarte/Inap), promovido pela Escolinha de Arte do Brasil. Rio de Janeiro, dez./1976.

É com alegria enorme que compartilho duas vivências que considero preciosas: uma delas se deu dentro de sala de aula de uma escola pública quando fui convidada a interagir com uma classe de Educação Infantil. Meu trabalho naquele momento seria o de interagir com as crianças contando histórias e falando de literatura infantil. Abri a minha maleta, que sempre carrego quando realizo o meu trabalho de educação, e retirei os livros que havia selecionado para esse Encontro de Conversas. Fui apresentando cada volume, um a um, e contando a história do surgimento do livro através dos tempos e de como as histórias chegaram até nós. Inspirada por este contar cheguei à tão aguardada contação. De repente, percebi uma menininha desejosa de comunicar algo; ao tomar a palavra, conseguiu expressar sua inquietação: *A senhora sabe quem inventou o amor?*

Fiquei em silêncio e sem ação, diante da profunda questão trazida por Valéria (este é o seu nome). Suspirando fundo, consegui dizer a ela que iria buscar saber melhor sobre a criação do amor; e que depois, voltaria a procurá-la para conversarmos. Passado algum tempo voltei a vê-la, levando comigo uma cartinha que lhe escrevi e entreguei em suas mãos.

A outra vivência se deu num trabalho informal dentro de um grande parque de área verde. Sentados na grama, íamos formando uma roda com a meninada que se achegava até a mim. Naquele dia, eu brincava com as crianças de escrever bilhetes, pequenas cartinhas dirigidas a uma pessoa amiga, querida ou escolhida. As palavras e ideias brotaram em profusão das cabecinhas de meninos e meninas. Alguns desses já sabiam escrever, outros falavam o seu texto, em voz alta, compartilhando-o com os companheiros. No final, os textos escritos também foram lidos em voz alta. Leonardo, garoto de cinco anos, compartilhou sua diminuta cartinha:

Querida Mamãe, eu gosto mais de você do que a borboleta gosta da sua asa.

Eis aí a criança e a razão deste livro.

Entrevistando Caetano Veloso[9]

Monique – Caetano, a ideia central desta proposta de Educação Infantil – tratada no livro *Uma experiência em Educação Infantil – A fome com a vontade de comer* – é que as transformações têm a chave do saber e que essas transformações se dão quando existe uma interação entre o que a pessoa é, o que ela sabe, os seus conhecimentos prévios, e aquilo que é ensinado a ela. Essa é a função da escola, ensinar algumas coisas para as pessoas, não é? Aqui no Estado da Bahia a gente tem uma diversidade enorme de modos de vida e cultura, e essa diversidade está, me parece, mais fundada atualmente nas coisas de uma cultura popular que se mantém pela preservação das tradições, do que uma cultura popular que se transforma. Algumas pessoas acreditam que não se pode, ao mesmo tempo, ser um ouvinte de *rock and roll* e preservar a tradição dos ternos de Reis, por

---

9. Concedida a Monique Deheinzelin em Salvador, 18/01/1993. Extraída de *Trilha: educação, construtivismo*, de Monique Deheinzelin. Participaram da entrevista Maria Dolores Coni Campos e Rodrigo Velloso. Disponível na coletânea de textos *Programa de Formação de Professores Alfabetizadores* do Ministério da Educação (2001), em http://portal.mec.gov.br/seb/arquivos/pdf/coletanea.pdf – Acesso em set./2014.

exemplo. Como é que você vê essa questão, dessa diversidade do estado em relação a essa questão da cultura popular e daquilo que pode ser trazido como contribuição pela educação? Eu fico pensando que educação é exatamente o lugar de acesso ao conhecimento, aos bens culturais que são daquele lugar, mas que também dão acesso às pessoas que são daquele lugar a qualquer outra coisa, de qualquer outro lugar do mundo. Como é que você vê essa questão?

Caetano – *Bom, até onde a minha cabeça pode chegar, eu concordo sobretudo com a sua conclusão, esta última parte do que você falou, o conhecimento local como meio de acesso para o conhecimento universal, não sendo uma defesa contra o contato com o conhecimento exterior àquela área, mas como na verdade uma instrumentação maior para você entrar em contato, para fazer conexões com os outros círculos de saber, eu concordo sobretudo com isso. Quando você menciona a posição de algumas pessoas que creem que o fato de as pessoas ouvirem* rock and roll *impede que elas mantenham contato com tradições como um terno de Reis, ou um samba de roda, que essas coisas não podem conviver, eu tenho a experiência pessoal que essas coisas convivem. Agora, não sei por quanto tempo, nem em que termos, qual dessas duas expressões culturais, digamos o* rock and roll *e o samba de roda, vai ser dominante, ou estar mais ligada ao futuro das pessoas que participam dela e qual a que ficaria com apenas um resíduo do passado; se é assim que o* rock and roll *e o samba de roda se contrapõem em sociedades onde essas duas coisas podem conviver, ou se pelo contrário* *uma ou outra coisa vai nascer da audição de* rock and roll *por pessoas que cresceram praticando samba de roda e que não deixaram, por ouvir* rock and roll, *ou* fox-trot, *ou boleros mexicanos, ou tangos, não deixaram de praticar samba de roda. É o caso do Recôncavo da Bahia: em Santo Amaro, por exemplo, o samba de roda continua sendo uma prática normal, não uma prática assim programada por grupos de preservação do folclore: é uma prática normal. Quando tem uma festa na minha casa em Santo Amaro, tem samba de roda, e assim em muitas outras casas em Santo Amaro.*

Monique – Pois é exatamente isso, e você eu acho que é um excelente exemplo que responde essa questão, porque você traz, conserva no sentido de guardar, todas essas tradições e ao mesmo tempo cria sempre novas coisas. Mas você foi uma pessoa que teve dentro de casa uma situação muito especial, de acesso a uma série de informações sobre o mundo. Quando você diz que lia a Revista *Senhor*, ou que você tinha uma professora de Português que te sugeriu a leitura de poemas de João Cabral de Melo Neto, isso deu a você possibilidades, que talvez você não tivesse, se permanecesse na situação estrita do samba de roda.

Caetano – *É claro.*

Monique – Então o que eu acho é que a escola é o lugar de acesso ao João Cabral, ao que é o existencialismo...

Caetano – *É, eu acho.*

Monique – Enfim, que a escola é o lugar...

Caetano – *A escola é o lugar de acesso democrático ao conhecimento universal, quer dizer, que tem valor em qual-*

quer lugar. Agora, eu não sei o que é que preocupa você propriamente nisso. Essa definição me parece muito boa, e a sua posição me parece boa e nesse exemplo do rock and roll *com as coisas tradicionais eu pude falar alguma coisa. Em trechos da sua conversa eu poderia ter pensado em alguma outra coisa, mas não sei assim no todo o que é que preocupa você, o que é que une essas coisas todas.*

Monique – É o seguinte: a chamada educação tradicional, que vem sendo revista e criticada, ela dava acesso aos bens culturais, não é? Então, quando você diz "para a escola pública eu ia, não só porque em casa não teríamos condições de ir a outra...

Caetano – *Porque eram melhores, é.*

Monique – ...mas porque era a melhor que tinha". A escola pública ensinava os objetos do conhecimento, os elementos da cultura. Houve, nos últimos 25 anos, um movimento de crítica à escola tradicional no que se refere ao comportamento, às normas, de ser uma escola muito restritiva, de propor uma aprendizagem mecânica, repetitiva. Essa crítica, me parece, tem sua razão de ser por aí. Mas foi uma crítica que fez com que muitos educadores passassem a descartar o ensino intencional dos objetos de conhecimento. Assim, a escola chamada nova, renovada, ela não tem a intenção de transmitir o conhecimento. Então, você tem crianças que podem ser muito espontâneas, muito criativas, muito alegres...

Caetano – *...e pouco informadas, é.*

Monique – ...mas muito pouco informadas! E paralelamente a isso houve um movimento de recuperação da cultura local, uma intenção de trabalhar a partir das realidades dos sujeitos. Propõe-se então um trabalho gerado pelos interesses dos alunos, por temas geradores vinculados a determinados modos de vida e cultura das pessoas envolvidas. Essa forma de trabalho pedagógico é extremamente interessante, mas existe a ideia que só se pode trabalhar a partir desses elementos. Então, a rigor, aqui no Estado da Bahia, o pessoal do Recôncavo só teria acesso à cultura local, o do sertão idem, e assim por diante. O que me preocupa é que dessa forma a escola não seja o lugar de acesso democrático ao conhecimento, que haja uma intenção, consciente ou não, de impedir esse acesso.

Caetano – *É uma reação contra a verdadeira democratização do conhecimento, da educação, da própria alfabetização no Brasil. Agora, pelo que você está dizendo aí, essa reação se mostra como uma atitude mais ou menos consciente, em pessoas que nos querem preservar a injustiça social que é muito gritante no Brasil. Por outro lado, pessoas de muito boas intenções terminam contribuindo para isso também, não é, com a ideia de renovação da escola e de uma educação mais espontaneísta, isto é, com menos conhecimento do que seja disciplina. Eu tive uma experiência pessoal que talvez lhe sirva um pouco. Quando Moreno, meu filho mais velho, foi se matricular numa escola do Rio, ele saiu de uma escola primária e foi para um ginásio. Então eu fui na reunião de pais e mestres, a primeira para a entrada dos alunos. Os professores, explicando como era a escola, davam muita ênfase à diferença entre o que eles faziam nessa escola e o* *que as escolas tradicionais faziam. Eles demonstravam – o diretor e algumas professoras enfatizavam muito o fato de que eles faziam do aprendizado uma coisa muito agradável, divertida, que aquela ideia que estudar era uma coisa maçante, difícil, era ultrapassada, era uma ideia antiga. Eu acompanhava com simpatia aquilo, mas cresceu demais nessa direção e todos, os professores e os pais, pareciam concordar que a escola deveria ser algo agradável, divertida e atraente para a criança. Eu não discordava disso, mas comecei a temer que estivesse faltando ali uma noção de disciplina. Aí eu me levantei e disse assim: "eu fico um pouco preocupado porque tenho a impressão que vocês estão querendo negar que alguma coisa no ensino e no estudo tem que ser chata". Eles ficaram um pouco chocados e as pessoas também, alguns pais. Moreno ficou até meio duvidoso, ele estava com onze anos de idade, dez para onze anos, e veio falar comigo: "pai, algumas pessoas falaram que você foi careta na reunião", ... e eu contei a ele...*

Monique – É muito difícil você procurar conhecer as coisas, custa muito esforço, não é? Não tem outro jeito e é bom que seja assim...

Caetano – *Não, eu disse o seguinte: "Para vocês, disciplina tem um aspecto que tem que ser maçante? Em algum momento a escola dá ideia de disciplina? Estou falando assim até por ciúme, porque não quero que meu filho ache que a escola é mais divertida do que o parque de diversão e nem mais amorosa do que a minha casa. A escola é uma outra coisa na vida dele, não pode ser tão amorosa quanto* *os pais e tão divertida quanto o Tivoli Park! Eu acho que justamente na escola é que deve haver alguma coisa onde... em casa também se aprende isso, mas na escola sobretudo, onde se aprende mais que você tem que passar por coisas em princípio maçantes para chegar a ter capacidade de ter prazeres superiores". Eu disse assim, "até pra tocar pandeiro, que é uma coisa muito difícil", e ficaram aqueles professores me olhando, "tocar pandeiro é uma das coisas mais difíceis que existem? Então, você vê um cara tocando pandeiro, se divertindo na esquina, se ele está tocando bem, o que ele passou de maçada, para chegar àquela técnica mínima de tocar pandeiro, de treinamento, de autodisciplina, é incomensurável; é isso que vocês devem ensinar na escola, mais do que a criança ser espontânea ou a escola ser divertida". É claro que, quanto mais divertida a escola puder ser, melhor; quanto mais atraente, mais amorosa, melhor; quanto menos repressiva precise ser, melhor. Porém, que não se perca de vista que a escola é que deve ensinar pessoas a aceitar o lado chato da vida, entendeu? É o lugar, de todos os lugares aonde uma criança vai, frequentemente, até crescer, onde mais se deve ensinar como enfrentar o chato, ou seja, ficar horas diante de um livro estudando, obedecer ordens, ter tarefas a cumprir, tarefas que são difíceis, que ele deve treinar para ser capaz de executar, isso de alguma forma, em algum momento é, ou tem que ser, ou parecer chato para a criança, e a escola tem que reconhecer que é também o seu papel, não é? Então a escola tradicional que era repetitiva e repressiva, que tinha hipertrofiado, digamos assim, mas tinha isso, não é? A escola deve ensinar a estudar também, não apenas ensinar o que já é sabido. Eu acho que deve, eu estou dizendo isso como opinião de um pai que viu essa questão no processo de educação do filho, na minha história com Moreno nessa escola. Onde, aliás, ele se deu até bem, aprendeu até algumas coisas, mas era toda uma série de negações das repressões e da disciplina sem uma nova formulação da ideia de disciplina, entendeu? Agora, não sei se já é a sua segunda pergunta, mas saiu um pouco da primeira. Porque a primeira era mais essa questão da área cultural e acesso à cultura universal. Mas eu acho que você tem a resposta melhor. A formulação conclusiva da sua pergunta traz a melhor resposta a ela. Você ouça de novo gravada, você vai ver: eu concordo com aquilo, essa é minha opinião. A formulação conclusiva da sua pergunta traz a melhor resposta a sua pergunta.*

Monique – Então, diante dessa questão que a gente não está nomeando, e que está no final da minha pergunta, a gente tem a seguinte situação: a Educação Infantil é uma profissão quase estritamente feminina: são raríssimos os homens que estão nesta profissão.

Caetano – *É verdade, é engraçado isso, não é?*

Monique – Então, eu fico pensando o seguinte: as mulheres, ou esse aspecto mais feminino nelas é maternal, tem como possibilidade uma tentativa de quase substituir a casa, e essa coisa que você falou que não queria ser substituído...

Caetano – *É, eu não quero mesmo.*

Monique – ...no seu amor de pai. Tanto é assim, que as professoras de Educação Infantil são chamadas de tias, como se fossem não uma profissional, mas uma pessoa da família. Então você tem nessas profissionais uma coisa ao mesmo tempo de uma dedicação que às vezes é espantosa, isso que Maria Dolores nos dizia de professoras que têm um amor a essa causa e a esse trabalho com as crianças, uma dedicação, um ânimo pra coisa que é extraordinário, sobretudo se você for pensar nas condições de trabalho, que são muito ruins.

Caetano – *Eu fico espantado como ainda há professores no Brasil. É um gosto mesmo, porque não há estímulo, não é verdade?*

Monique – Exatamente...

Caetano – *Eu fico apaixonado quando uma pessoa diz que é professora, ou professor, de escola primária, é inacreditável. Porque a pessoa deveria ser muito bem assistida. Deveria ter um bom salário, e muitas regalias na sociedade brasileira para estimular a educação, o ensino. Mas os professores não têm isso, ao contrário.*

Dolores – Monique coloca um exemplo que eu acho vital: a gente vai ao médico, a gente confia no médico, não pode dar palpite. Mas quando chega a hora das professoras, ela não pode fazer o que acredita, porque diretor, pai, mãe, todo mundo dá palpite. É aí que ela insiste na coisa de a gente poder se profissionalizar.

Caetano – *É, eu acho. Olha, isso daí eu acho importante.*

Monique – É exatamente minha segunda pergunta. Porque você tem uma profissão feminina que tem essa dedicação, tem esse desvelo, mas tem uma precariedade imensa de conhecimento de ofício: as pessoas são, no máximo, muito boas reprodutoras de procedimentos que já vêm de muitos e muitos anos, com aqueles mesmos textos: essas são as boas professoras. Mas a educação é um terreno, assim, maravilhoso de investigações. Se formos pensar como um ser humano aprende, por exemplo, só por aí você tem coisas extraordinárias; toda questão da arte, toda questão da constituição das linguagens. Raríssimos são os professores que têm acesso a essas coisas e que se preocupam com elas, que buscam se profissionalizar nesse sentido. Quero dizer, que se perguntam: "Que base científica eu preciso para exercer essa profissão, o que é que eu preciso saber?" Então, eu queria saber como é que você vê essa questão, eu pergunto, por ser uma profissão feminina é que existe na educação essa dificuldade de tomar o ofício mais a sério?

Caetano – *Eu não sei, eu não sei. Talvez o fato de ser predominantemente feminino o contingente de professores de crianças pequenas contribua, ou seja mesmo uma condição para que essa função seja exercida de uma maneira muito menos profissional, de uma maneira quase pessoal, familiar. Em vez de profissional, e sem muita tendência profissionalizante. Talvez seja porque junto com várias coisas arcaicas tem aí também a própria ideia de que a mulher não é, nem deve, nem precisa ser muito intelectualmente desenvolvida. Eu acho que está embutido aí, talvez, uma velha visão da mulher, também, talvez esteja. Eu vejo, quando você descreve essas questões...*

Monique – Que visão da mulher você tem em relação a isso? Porque você é bem ambíguo, muitas vezes, assim, publicamente...

Caetano – *Ah! Sou, sou, intimamente mais ambíguo ainda! Intimamente mais ambíguo ainda. Eu acho que evidentemente tem coisas boas nesse fato de ser sobretudo mulheres que ensinam as crianças, tem coisas boas no fato de as mulheres não serem muito boas profissionais também, não terem uma tendência, ou um convite da sociedade para que elas sejam intelectualmente muito responsáveis. Isso leva coisas boas também no trato das professoras de crianças na primeira fase.*

Monique – Que tipo de coisas?

Caetano – *Eu não sei, talvez esse próprio calor personalizado, maternal, confundido com a família, tenha em si mesmo algumas vantagens que se a gente...*

Monique – Mas você disse na escola do Moreno que você não queria...

Caetano – *Não queria e não quero... eu estou dizendo apenas que embora..., eu não quero, mas eu acho que deve ter coisas boas, que é o que mantém isso. Eu acho que deve ter, porque eu vejo que tem. Eu acho o seguinte: essas pessoas que se desvelam nessa profissão são pessoas maravilhosas e não é o fato de haver um equívoco dessa natureza em relação a isso que diminui aos meus olhos a beleza do perfil psicológico da professora da criança pequena, entendeu? Eu digo assim, a ideia geral que eu faço da moça que ensina as crianças na primeira fase é uma ideia benigna, em primeiro lugar, uma ideia boa. Essas características pouco* *profissionais devem conter alguma coisa de muito boa, eu acho, porque tudo isso, a mera existência de professoras já é uma coisa muito boa, entendeu, quando não há estímulo profissional para que haja professoras.* Então eu queria apenas estar dizendo uma coisa carinhosa que elas merecem. *O que não quer dizer que eu ache que as coisas devam permanecer assim, ao contrário: eu acho que, quanto maior desenvolvimento intelectual e consciência do que elas estão fazendo por essas pessoas, sobretudo mulheres, puderem ganhar, melhor será para elas e para a profissão e melhor será para o ensino no Brasil. Até mesmo para aquela visão mais geral de que a gente estava falando sobre a necessidade de democratização do ensino público no Brasil...*

Monique – Exatamente.

Caetano – *Então, a minha posição é nitidamente favorável a uma superação de uma fase amadorística, embrionária do ensino para crianças pequenas. Mas, quando eu disse que deve haver coisas boas é porque eu suponho que há alguma coisa muito delicada, muito profunda nessa questão da ambição moderna de equiparar o homem à mulher nas suas potencialidades como sujeitos sociais, entendeu? Eu acho que esse é um assunto que me interessou desde a minha primeira infância, uma coisa que me interessa desde que eu era criança, que os assuntos que são assuntos do feminismo são assuntos meus...*

Monique – A terceira pergunta é a seguinte: Você, como pai do Zeca, se você pudesse fazer uma escola dos seus sonhos, o que você gostaria que a escola oferecesse?

Caetano – *Olha, uma escola dos meus sonhos não teria dificuldade de ser posta em funcionamento, é muito simples: uma escola que ensinasse, fosse limpa, organizada... Não achei basicamente muito difícil educar o meu primeiro filho em escolas, aquela questão que eu enfrentei, eu a descrevi, mas não cheguei a ter grandes dificuldades, nem quando ele foi para uma escola muito careta, ele chegou a ter dificuldades, serviu para ele de complementação, de experiência, de aprendizado também de como as coisas são. Então, não posso dizer que eu particularmente tenha tido dificuldades com escolas, e não penso que venha a ter com o Zeca, necessariamente, porque eu acho, se não houver problemas sérios, as escolas são basicamente fáceis em me satisfazer. É verdade, é fácil para uma escola me satisfazer como pai, porque para mim basta que haja um nível razoável de informação, que os professores se comportem bem, ensinem. Eu não tenho uma ideia muito criativa de como uma escola deve ser, nem preciso ter como pai. O que me preocupa mais é a possibilidade de muitas outras crianças, que nasceram nessa mesma altura que o Zeca nasceu, poderem ter acesso a um ensino razoável, a algum ensino, não é? O maior problema de Zeca para mim não está nem com ele, nem na escola que ele poderá encontrar, eu acho que está mais no número imenso de companheiros de geração dele que não chegarão a nenhuma escola, ou chegarão apenas a frequentar uma subescola por um ano e meio ou dois, e depois terem que sair, ou terminarem saindo. Eu acho que esse é que vai ser o maior problema para Zeca, porque a escola em si, para uma pessoa com os*

meus meios, no Brasil, eu acho que dificilmente chega pro-
priamente a ser um problema: eu não senti isso com meu
primeiro filho e não vejo que eu venha a sentir com o segun-
do. Eu ouço muito dizer entre pessoas da minha área, quer
dizer, até entre pessoas da classe artística, mas sobretudo
entre pessoas de alto poder aquisitivo no Brasil, ouço dizer,
e tenho visto eles se decidirem por isso, que preferem botar
os filhos para estudar em escolas estrangeiras. Então uns
estudam em escolas alemãs, outros na americana, outros na
escola inglesa. Eu não tenho desejo nenhum de fazer isso, eu
até reajo um pouco contra isso. Primeiro porque não sinto
problema – como se houvesse uma deficiência nas escolas
em que meu filho mais velho estudou –, e depois porque eu
tenho um pouco de desconfiança, e até de repulsa mesmo
por essa atitude. É mais um agravante da disparidade social
brasileira e econômica, esses atos das pessoas de alto poder
aquisitivo no Brasil, praticamente só usarem o Brasil para
sugar o dinheiro dele, para sugar posses, para poder gastar
em outros países e ainda por cima botar os filhos em escolas
de outros países. Então, parece que o Brasil como país não
existe, gradativamente vai se tornando apenas um lugar que
algumas pessoas, muito poucas, sugam, de onde as pessoas reti-
ram tudo para gastar em outros lugares. Então eu tenho esse
problema; mas a escola, é claro que eu quero, por exemplo,
que o Zeca tenha uma escola não muito repressiva, com
uma capacidade de permitir que ele desenvolva a indivi-
dualidade dele, que expresse a personalidade individual
dele, mas não acho que isso seja muito difícil de encontrar

hoje em dia. Eu gostei das escolas que eu frequentei. Sei que houve uma queda muito grande na questão da qualidade de ensino e de manutenção de escolas públicas no Brasil – o que eu acho uma tragédia –, e porque eu estudei em escolas públicas, se pudesse haver uma reversão desse quadro eu adoraria; se Zeca já pudesse se beneficiar disso, para mim isso sim seria um sonho.

Monique – Eu tenho até um sonho...

Caetano – *Mas eu espero até que você tenha, porque é da sua profissão. Eu estou falando com você porque eu adoro esse assunto e para estimular seu próprio pensamento. É por isso que eu estou falando, para você também, eu acho que vale a pena. Mas eu acho que eu próprio não posso contribuir com ideia nenhuma para essas coisas. Eu acho que talvez a nossa conversa sirva a você, mas eu não posso trazer ideias novas a uma atividade à qual eu não estou ligado.*

Monique – Assim como eu não poderia trazer ideias novas para uma canção sua...

Caetano – *É, talvez. Mas você sabe que eu queria ser professor, eu queria ser professor. Eu já lhe disse isso, não é? Se eu não fosse artista, eu ia ser professor. Está bom?*

Monique – Está ótimo!

Introdução

Para a arte de educar não existem receitas. Entretanto, um mestre da arte de ensinar, o pensador inglês L. Stenhouse pergunta:

> Se a investigação experimental baseada em amostragens nos indica como atuar no ensino, como nós professores poderemos saber o que deve ser feito?
>
> Uma resposta possível é que teremos que receber instruções em forma de currículo e de especificações sobre os métodos pedagógicos. Pessoalmente refuto esta ideia... A verdade não pode estar definida pelo Estado, nem sequer por intermédio de processos democráticos: um controle estrito do currículo e dos métodos pedagógicos nas escolas é equivalente ao controle totalitário da arte[10].

Alguns autores, como o Prof. Willi Bolle, são radicais a respeito dos praticantes de métodos pedagógicos: "Muito mais próximo da criança que o pedagogo bem-intencionado está o artista, o colecionador, o mago".

---

10. L. Stenhouse, citado por Ángel Gomes Pérez, catedrático de didática na Universidade de Málaga, Espanha, em seu artigo "Más sobre la formación del profesorado".

Nesta perspectiva, a intenção da presente proposta curricular passa a ser a seguinte: Como aproximar a função do professor da função do artista? Isto é, como podem o professor e seus alunos transformarem os conhecimentos prévios, criando assim novos caminhos para o pensamento humano?

Para que o professor tenha domínio de sua arte, necessita de um currículo que seja para ele um instrumento, assim como a tela e os pincéis são instrumentos para o pintor.

Para que os professores tenham acesso, ao mesmo tempo, aos fundamentos conceituais que deram origem ao construtivismo – inicialmente na arte e na ciência, tardiamente na educação – e a procedimentos práticos coerentes com os conceitos elegidos, o presente currículo é composto de um marco curricular e de um projeto curricular.

O marco curricular – sistema de ideias e conceitos que dão origem e consistência ao trabalho do professor – é concebido em quatro níveis, cada um desses incluído nos anteriores: nível antropológico, nível filosófico, nível psicológico e nível pedagógico.

Ainda em relações inclusivas (todas as colocações devem seguir o que foi assumido anteriormente), o projeto curricular detalha os conteúdos específicos, objetivos de ensino e de aprendizagem, estratégias de ensino e de aprendizagem e instrumentos do professor para cada um dos objetos sociais de conhecimento a serem ensinados às crianças.

A intenção de ensinar os objetos sociais de conhecimento para as crianças apresenta uma dupla vantagem: respeitar e alimentar o pensamento poético e sincrético próprio das crianças pequenas e estabelecer uma continuidade educativa ao longo de toda escolaridade. A escola então pode ser entendida como o lugar de acesso democrático ao conhecimento humano para pessoas de qualquer idade.

I
Marco curricular

O marco curricular contém os pressupostos conceituais que fornecem o lastro imprescindível para compreensão dos fenômenos envolvidos nas relações de ensino e de aprendizagem e os elementos que tornam observáveis para o professor a sua prática pedagógica.

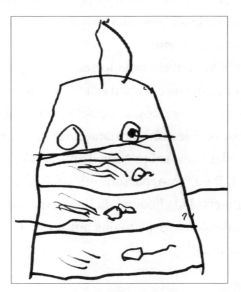

João (3; 6). "O mar numa caixinha fechada, com o negócio para segurar", 1977 (João Sebastião Pavese).

1 Nível antropológico

Pensamento e seu fruto mais dadivoso: as culturas.

"Bahia, terra da felicidade", este verso tão lindo e promissor de Dorival Caymmi é para os cidadãos da atual Bahia um lema moral, um sonho ou um pesadelo? Se formos ver de perto as condições de vida de uma grande parcela da população baiana, talvez tivéssemos que nos aproximar da terceira opção; entretanto, podemos pensar nos versos de um ponto de vista mítico, o qual, de acordo com outro grande cancionista baiano, Caetano Veloso[11], "é pensar o político numa perspectiva diferente. O mito é uma das coisas através das quais me desloco a fim de construir algo, de criar alguma coisa, seja ela uma forma ou mesmo uma ideia. A crítica política, a recusa em se aceitar injustiças insuportáveis – você se move através dessas coisas. O nível mítico pode ser usado como um canal de respiro".

Os mitos são também uma forma de compreensão de características essenciais e comuns a todos os homens. Nos mitos estamos unidos por nossas semelhanças e não separados pelas diferenças. Eles são, portanto, uma ferramenta abrangente para refletirmos sobre o nível antropológico deste marco curricular. Para tanto, passamos a palavra ao Prof. Ordep Serra, da Universidade Federal da Bahia, que nos brinda com poderosas reflexões a respeito dos mitos e seu vínculo com a Educação Infantil.

---

11. Entrevista ao jornal *New York Times*, transcrita pelo jornal *O Estado de S. Paulo*, 10/09/1992.

O compromisso da cultura com a imaginação[12]

Os mitos correspondem ao imaginário, esta dimensão importantíssima da cultura, e reafirmam o império da linguagem, esta que tem o poder de engendrar o invisível (POMIAN, 1984).

Convém advertir que os mitos não se reduzem a meras fantasias sem sentido: eles articulam concepções do mundo e assim orientam condutas sociais, induzindo práticas que afetam a relação dos homens uns com os outros e com a natureza; repercutem na história, às vezes profundamente.

Importa que não esqueçamos o compromisso da cultura com a imaginação; é crucial o fato de que um lastro imaginativo afeiçoa as sociedades humanas ao modo como elas se representam. [...]

Já se acreditou que a infância era deserta de eros, assexuada, livre de libido; sabe-se hoje que isso é um engano: Eros eriça a aurora da gente.

Como se não bastasse, a linguagem também nos erotiza: a rigor, na infância nós somos logoeróticos.

Alguns continuam assim pela vida toda.

A antropologia adverte que o homem é bicho infantil. Na espécie *homo sapiens sapiens*, em princípio, a maturidade não esgota a infância; se isto acontecesse, perderíamos de todo a energia criativa e a disponibilidade plástica.

$\longrightarrow$

---

12. SERRA, O. *Educação Infantil: aspectos antropológicos – Apontamentos para a definição do marco conceitual de uma proposta*. Este texto do Prof. Ordep foi especialmente elaborado para a presente proposta, em novembro de 1992.

Às vezes nos abeiramos desta tragédia, até porque, se outros bichos não se desviam do que são, nós estamos sujeitos a perder humanidade.

Em todo caso, a infância é resistente...

Isto se evidencia de muitos modos.

Considere-se um ponto: parodiando Freud, o antropólogo Claude Lévi Strauss afirmou, certa vez, que a criança é um "social-polimorfo". Está certo, sem dúvida. Mas se esta condição ficasse de todo restrita à infância, não se poderia fazer muita coisa: seria impossível a experiência antropológica, por exemplo...

Outra coisa pode inferir-se disso tudo: a educação das crianças deve ser também inspirada pela infância; até porque lhe cabe assegurar que, tanto quanto possível, esta se preserve... pelo resto da vida.

Com efeito, se (como diz Goethe em seu livro *Dichtung und Wahrheit*) a passagem da infância à condição de adulto acarreta inexorável perda de possibilidades, ainda assim é a *dynamis* polivalente da criança que alimenta o homem.

O lastro imaginativo a que me referi pouco atrás faz com que as dimensões sociais da existência humana se amoldem (inclusive e em certa medida, é claro) à sua representação simbólica, no horizonte das diversas culturas.

Este princípio, que vige universalmente, em termos das sociedades humanas, implica uma poderosa variação no espetro cultural.

→

É um dos motivos que leva a antropologia a desenvolver-se no campo dialético, onde se vê desafiada pelo interesse por uma condição social única e vária; isto se acentua muito quando está em causa a problemática da educação.

A Educação Infantil implica uma exploração do imaginário. Pode enriquecer-se com a sondagem dos mitos que manifestam e inscrevem nas diversas culturas o desenho da infância.

Um exemplo basta para ilustrá-lo.

Nas antigas civilizações mediterrâneas, durante séculos, foram celebrados cultos devotados a crianças divinas; podia-se então imaginar até a divindade como criança. De um certo modo, este impulso cultural despontou de novo com o movimento franciscano (que teve profundas repercussões no domínio da arte, da literatura, da filosofia: basta lembrar seus efeitos sobre Giotto e Dante Alighieri... a rigor, esse movimento representou uma antemanhã, um abrir de portas da Renascença). Reporto-me ao fato de que, como se sabe, São Francisco e seus companheiros recriaram o costume dos presepes (um costume antiquíssimo) e reavivaram o culto do Deus Menino; este assim "ressurgiu", com sua face cristã.

É interessante observar que esse retorno foi, em grande medida, obra do poeta seduzido pela ideia de uma pobreza muito rica.

Entre nós, na Bahia, ainda vive esta tradição dos presepes; e há um culto a crianças divinas nos Terreiros (refiro-me, principalmente, ao culto dos Ibeji – os Mabaços, sincretizados com Cosme e Damião). Pode-se dizer que existe em nosso universo cultural uma vertente poderosa de consagração da infância: uma vertente que importa reavivar, pois também sofremos da mais obscura e terrível barbárie, que se exprime pela brutalidade do assassinato rotineiro, sistemático, de meninos e meninas.

Figuras que se projetam no domínio da vivência religiosa não se limitam a esse âmbito; mesmo sem compromisso com a esfera onde despontam, pode-se reconhecer que elas exprimem diretrizes axiológicas poderosas; elas ajudam a compreender, por exemplo, como opera uma imaginação da infância no universo cultural onde se pretende levar a efeito o exercício educativo. E desvelam valores, que muitas vezes importa reafirmar.

De resto, a pesquisa antropológica tem demonstrado que a própria infância varia segundo a maneira como em cada cultura ela é concebida.

Ou imaginada.

Ordep Serra situa a seguir a Educação Infantil na história do homem.

Antropologia e Educação Infantil

Numa consideração antropológica do tema da Educação Infantil, torna-se indispensável partir de reflexões sobre a condição do homem enquanto animal que produz a

→

cultura e é produzido por ela, num processo dialético. Pode ser útil para nossa reflexão um pequeno retrospecto do trajeto evolutivo em que o homem assim se veio a constituir, mesmo limitando-se este retrospecto a uma breve mirada.

A *hominização*, ou seja, a formação do animal humano através de complexos desenvolvimentos, iniciou-se há muito: segundo a maioria dos estudiosos, na transição do período *terciário* para o *quaternário* da presente era geológica (*cenozoica*), entre o fim do *plioceno* e o princípio do *plistoceno*, começam a *prefigurar-se* os primeiros humanos. Como este foi um processo contínuo, extraordinariamente complexo e rico em variações, definir momentos precisos, passagens muito claras, não é possível; no mínimo, porém, pode-se considerar o início da época chamada de *plistoceno*, do período *quaternário* desta mesma era, como um marco decisivo numa primeira etapa da trajetória que resultaria na aparição do gênero *homo*: esboçada há cerca de dois milhões de anos (quando estavam a multiplicar-se espécies e variedades de australopitecíneos, animais que a gente tem vontade de chamar de "pré-humanos"), essa aparição do *homo* se teria configurado já em pleno período *recente* do quaternário, entre 700 e 500 mil anos atrás (para alguns especialistas; outros a fazem recuar mais ainda, a quase um milhão de anos).

A hominização avançou, deflagrando o processo no qual remataria, chamado de *sapientização*: a formação do *homo sapiens*, cujo despontar se verifica, de acordo com vários estudiosos, entre 250.000 e 200.000 anos atrás. (Digo "de acordo com vários estudiosos" porque neste assunto o consenso científico é um tanto relativo e instável; o progresso das pesquisas paleoantropológicas tem feito mudarem as marcas com grande frequência e rapidez... e há ainda muito de conjetural em tudo isso).

Nossa espécie, chamada *homo sapiens sapiens*, é a única que *hoje* existe do *genus homo*, ou seja, do gênero humano (porque as outras deste gênero desapareceram); *e é uma espécie um bocado nova*: no máximo, teria só 200.000 anos, o que na escala evolucionária representa muito pouco.

Ela estaria ainda na sua infância, se a gente fizesse uma comparação (proporcional) com o tempo de vida de seus indivíduos.

A Educação Infantil que imaginamos baseia-se em quais pressupostos sobre a infância dos seres humanos?

Uma vez que os professores são seres humanos que trabalham com seres humanos, a primeira opção que devo fazer neste currículo é aquela referente a determinadas concepções de homem. Partirei do pressuposto que existe uma característica comum aos homens: todos eles nasceram; como consequência do nascimento, os homens terão que, pouco a pouco, buscar formas de sobrevivência autônoma; nesta busca constroem conhecimentos por intermédio do exercício de seu pensamento. Temos então características básicas do ser humano – ao mesmo tempo, produto e origem da cultura – que o fazem bem diferente dos demais mamíferos do reino animal: o pensamento e seu fruto mais dadivoso – o conhecimento humano. Se isto vale para todo e qualquer ser humano, vale também para as crianças: elas não estão isentas do conhecimento do bem e do mal. Para elas o exercício do pensamento também é uma necessidade, assim como para nós, embora o tipo de pensamento das crianças pequenas seja muito diferente daquele dos adultos.

Considerando as coisas deste ponto de vista, a criança não é um vir a ser, mas sim alguém que já é desde sempre uma pessoa, que mesmo dependendo durante muito tempo dos adultos para se alimentar e locomover deve poder exercer com plenitude as suas capacidades afetivas e cognitivas. Partindo deste pressuposto teremos que descartar forçosamente da Educação Infantil todo e qualquer procedimento preparatório.

Leona (3; 10). *Figura humana* (Pedro Caetano Guedes).

2 Nível filosófico

Mito e alegoria completam a dialética.

Uma vez que temos que exercer o pensamento, construindo conhecimentos ao tentar desvendar os assuntos do mundo, dado que os filósofos são as pessoas que desde muitos séculos procuram compreender a natureza das ideias humanas, e sendo a escola o lugar por excelência para obtenção de conhecimentos, nós educadores temos que tomar um rumo filosófico que oriente nosso trabalho com as crianças.

Embora possa parecer estranho ter necessidade de pensar na filosofia como parte integrante de um currículo de Educação Infantil, é verdadeiro supor que aspectos filosóficos estão implícitos em qualquer procedimento pedagógico. Trata-se então de trazê-los à luz do dia para que cada professor possa ter clareza em sua conduta com as crianças, sabendo quais as origens e razões dele estar agindo desta ou daquela forma durante as atividades em sala de aula.

Ao longo da história da filosofia três grandes vertentes podem ser assinaladas: as tradições de pensamento empirista, racionalista e dialética.

Segundo os filósofos empiristas, cujos expoentes foram Locke e Hume (século XVII), todos os objetos são dotados de uma essência, que é uma atribuição divina. Para conhecer esta essência os homens devem aproximar-se dos objetos fazendo uso de seus cinco sentidos – a visão, o tato, a audição etc.; por intermédio do exercício empírico, isto é, por intermédio da experiência sensível, os homens retirariam dos objetos a sua essência.

Contrapondo-se aos filósofos empiristas, os racionalistas argumentaram que os cinco sentidos são enganosos, posto que muito subjetivos. Faz-se necessária uma instância superior que determine a verdade daquilo que é percebido pelos sentidos; essa instância superior é o *cogito* ou a razão.

O principal pensador da metafísica racionalista foi René Descartes (1596-1650), autor da célebre frase *Cogito ergo sum* (Penso logo existo) e do tratado *Discurso do método* – cujo subtítulo é "Para bem conduzir a própria razão e procurar a verdade nas Ciências", entre muitos outros textos. Descartes pretendia realizar "o domínio da natureza pela exatidão do método", aplicando "o procedimento dedutivo da matemática a toda ciência". Para Descartes, quando e se as ideias são evidentes, claras e distintas, então são verdadeiras.

Uma terceira vertente filosófica é a dialética, originada na época moderna pelo pensamento de Emmanuel Kant, na encruzilhada entre empirismo e racionalismo (Kant diz que foi despertado do sono dogmático em que se encontrava, como discípulo de Descartes, pelo pensamento empirista de Hume), e seguindo numa linhagem do pensamento crítico que passa por Hegel, Marx e, para nossos efeitos, leva-nos a Piaget.

Do ponto de vista dialético, as pessoas, com seus cinco sentidos e a sua razão, têm uma possibilidade histórica de conhecer os objetos do mundo: histórica porque o conhecimento adquirido não é a verdade absoluta – não existem verdades absolutas para o pensamento dialético. Conhecendo o mundo, os homens o modificam, ao mesmo tempo em que são modificados por ele, ou seja, sujeito e objeto de conhecimento se constituem mutuamente.

Eva (5; 1). *Cisne, gatos, elefanta* (Monique Deheinzelin).

Com o pensamento dialético estão lançadas as bases para uma visão construtivista do conhecimento, segundo a qual o objeto de conhecimento é uma construção inteligente do sujeito, ao mesmo tempo em que o sujeito se constitui pelo objeto nessa mútua e inseparável interação. De acordo com esta visão dos fatos, não existe o real absoluto e verdadeiro, mas sim uma realidade interpretável. Na busca de interpretações, homens e mundo se constituem por intermédio de linguagens.

É importante citarmos as contribuições dos pensadores da Escola de Frankfurt, notadamente aquelas de Walter Benjamin quando este separa conhecimento e verdade pela primeira vez na história da filosofia.

Nas filosofias empirista e racionalista, parte-se da objetividade de existência do real, onde residiria a verdade; já a dialética promove a concretude do real por sucessivas abstrações analíticas, de tal modo que a realidade emerge a cada instante pela interação que o sujeito do conhecimento realiza na experiência com os fenômenos. E se na dialética marxista corpo e alma não estão mais cindidos – como estiveram nas metafísicas empirista e racionalista – a modernidade dela decorrente despreza a esfera do sensível, tratando como irracional tudo aquilo que não é da ordem do raciocínio analítico.

O desprezo pelas sensações, descartando do conhecimento a sensualidade e a sensibilidade, levou a nossa civilização à violência e à barbárie. Assim, de acordo com os filósofos da Escola de Frankfurt, entre eles Horkheimer e Habermas, em lugar de nos conduzir às luzes, a racionalidade estritamente científica tem nos conduzido às trevas, ao impor uma dissociação entre verdade científica e verdade poética.

Para Walter Benjamin, o mito e a alegoria completam a dialética, possibilitando uma modalidade de conhecimento que não exclui a sensação, a sensualidade, a sensibilidade e o raciocínio analítico, que assim não são vistos como elementos incompatíveis. "Conhecer sentindo e sentir conhecendo, eis o anticartesianismo da racionalidade em Benjamin"[13]. A razão erotizada, este tipo de conhecimento vislumbrado por Benjamin, requer presença de espírito para percebê-lo, no instante em que se manifesta. "O ritmo deste temporal", anotou Benjamin, "eternamente passageiro em sua completude espacial e temporal, é a felicidade"[14].

---

13. MATOS, O. "Walter Benjamin, o princípio esperança". *Folha de S. Paulo*, 12/07/1992.

14. Ibid.

Uma vez que as crianças abordam tudo de maneira inédita, e que raciocinam por constelações de imagens, por alegorias (Benjamin perguntou a seu filho: "O que é um príncipe?"; este lhe respondeu: "Um homem de capa azul com uma estrela ao lado"), elas são capazes de ter iluminações profanas, isto é, de conhecer em um sentido benjaminiano. São, portanto, seres privilegiados para o exercício do pensamento contemporâneo, contrariamente à crença do século XVIII, que, com Descartes, vê a infância como um estado patológico de erro e o infante como aquele que, não sendo dotado de razão, não merece o socorro divino.

Infelizmente, até os tempos atuais, a instituição escola enxerga a infância com um olhar muito mais cartesiano do que benjaminiano. É hora de nós, educadores, transformarmos esta situação, reinstalando a importância do pensamento poético que é próprio das crianças.

Vejamos agora, apenas como exemplos, algumas consequências do pensamento filosófico em procedimentos pedagógicos. Quando se propõe às crianças que separem blocos amarelos dos azuis, que discriminem as letras do alfabeto ou passem a mão sobre elas para que aprendam a ler e a escrever, que coloquem o numeral ou algarismo correspondente a cada número ou quantidade, a inspiração filosófica é empirista, uma vez que as crianças deverão apenas fazer uso de seus cinco sentidos. Todos os exercícios chamados de prontidão para alfabetização também são empiristas e o melhor exemplo da influência empirista na educação é o método pedagógico proposto pela educadora Maria Montessori.

A educação iluminista proposta pelas escolas que pretendem transmitir aos alunos os conhecimentos enciclopédicos segundo hierarquias conceituais – como é o caso das grandes escolas chamadas tradicionais –, está contida na tradição do pensamento racionalista, uma vez que se baseia na importância dos métodos científicos que constituem as disciplinas e conteúdos que devem ser ensinados às crianças, as quais aprendem fazendo uso de sua razão e disciplina. Esse tipo de educação talvez possa ser chamado de iluminista por dar grande valor ao conhecimento, acreditando que este fornece luzes para as pessoas que o possuem.

Finalmente, as ideias e metodologias sobre alfabetização que se tornaram possíveis a partir da publicação de *A psicogênese da língua escrita*, pesquisa de Emília Ferreiro e Ana Teberosky que se tornou amplamente conhecida, pertencem à tradição de pensamento dialético. Neste livro as autoras mostram como se dá a interação entre as crianças e a língua escrita socialmente construída pelos homens ao longo de sua história.

O construtivismo, como metodologia pedagógica segundo a qual o professor deve montar, com as atividades propostas em sala, uma ponte entre o modo de ser da criança e as características internas dos objetos de conhecimento (como o Português e a Matemática, p. ex.), também faz parte da tradição dialética. É por esta razão que neste marco curricular faremos a opção pelo pensamento construtivista. Uma vez feita esta opção, passaremos agora ao nível psicológico, tendo que fazer no próximo nível uma opção coerente com as escolhas que o precedem.

3 Nível psicológico

As transformações são a chave do saber.

Este nível trata da forma singular como cada indivíduo constrói conhecimento e das regularidades existentes nas diversas formas: cada pessoa pensa de um jeito, mas existem características que são comuns a todos os jeitos de pensar.

Podemos imaginar que o modo de funcionamento da inteligência humana está encerrado como que numa caixa preta que processa dados, informações e experiências sensíveis, resultando deste processamento aquilo que cada indivíduo sabe em cada instante – no fundo aquilo que ele possui de realmente seu, seu único tesouro (daí a importância do conhecimento para o ser humano). Na epistemologia (ciência dos conhecimentos) construtivista, o que a criança sabe – o que a criança tornou seu – é patrimônio de sua conduta e não decorrência de uma moldagem exterior.

A caixa-preta encerra, portanto, os mistérios que acontecem entre o ensino e a aprendizagem. Caso estivéssemos nos colocando em um ponto de vista filosófico empirista, não teríamos este problema – de ter que desvendar o funcionamento da caixa preta –, porque neste caso a caixa-preta é vista como uma folha em branco na qual ficam inscritos os dados, fatos, informações e experiências sensíveis que chegam a cada pessoa. Do ponto de vista do empirismo não existe nenhum mistério entre o ensino e a aprendizagem: parte-se do pressuposto que tudo aquilo que é ensinado é aprendido pelo bom aluno de forma exatamente igual ao original. Do ponto de vista dialético, existe todo um drama entre o que se ensina e o que é aprendido; investigar este drama significa aqui penetrar nos mistérios do funcionamento da caixa-preta.

Qual a necessidade de um professor de Educação Infantil penetrar nestes mistérios? São os ossos do ofício, como disse alguém; em primeiro lugar porque qualquer professor lida essencialmente com relações de ensino e de aprendizagem; em segundo lugar porque o modo de ser interno das relações de ensino e de aprendizagem determina o que se entende por conhecimento, que é matéria-prima para o professor.

O pensador que melhor (porque com grande beleza) e mais profundamente (porque com imenso grau de abrangência) formulou ideias sobre o que estamos chamando aqui de "funcionamento da caixa-preta" foi Jean Piaget, nascido em uma pequena cidade à beira de um lago, chamada Neuchâtel, na Suíça, em 1896.

Biólogo, psicólogo, filósofo e fundador da Epistemologia Genética (ciência que estuda o conhecimento segundo sua origem e posterior desenvolvimento), Piaget descreve o funcionamento da inteligência humana como contínuo ao longo da vida de uma pessoa: assimilações e acomodações simultâneas e sucessivas, reguladas pela tendência à equilibração. Trocando em miúdos: vamos imaginar que o que uma pessoa (de 0 a 100 anos, vale qualquer idade, por isso contínuo) sabe, isto é, o funcionamento de sua inteligência em um determinado instante, seja metaforicamente como a superfície de um lago tranquilo. Tranquilo porque, quando sabemos, estamos com a sensação apaziguadora de equilíbrio. Suponhamos que alguém jogue uma pedra no lago: o equilíbrio é quebrado, formam-se círculos concêntricos na superfície da água; a água assimila a pedra ao lago, ao mesmo tempo em que se acomoda para receber a pedra em seu seio. E tudo volta a ser como antes, a superfície quieta do lago que tende sempre à equilibração. Entretanto, na realidade nada é como antes: um lago sem pedra é diferente de um lago com pedra, e pedra fora do lago é diferente de pedra dentro da água. Então na interação pedra-lago ambos foram transformados, e esta é a consequência da visão construtivista do conhecimento: mútua transformação do sujeito e do objeto. Nesta metáfora, a pedra é um objeto a ser conhecido, algo com o que nos defrontamos, tendo que colocar nossos esquemas assimilativos funcionando a todo vapor para aprender o desconhecido, acomodando-o ao nosso modo de pensar.

Funcionando sempre do mesmo jeito a inteligência, interagindo com aquilo que ela procura compreender, desenvolve estruturas de pensamento diferentes, descritas nos famosos estádios piagetianos: sensório-motor, pré-operatório, operatório concreto e operatório formal. Não vou complicar ainda mais as coisas descrevendo aqui as características de cada um dos estádios; direi apenas que cada um deles corresponde a *possíveis*, que, quando transformados, podem gerar *necessários*, isto é, cada estágio corresponde a possibilidades e necessidades do pensamento humano, os quais por sua vez abrem novos possíveis e novos necessários, em uma progressão potencialmente infinita. "No nível formal o sujeito submerge desde o princípio o real em um mundo de possíveis, em lugar de extrair simplesmente estes possíveis do real; neste universo, os possíveis são suscetíveis de ser relacionados mediante relações necessárias"[15].

Isto significa que "o construtivismo se aplica ao conjunto dos fatos reais, constantemente reestruturados pelo sujeito em função dos dois domínios do possível e do necessário, que se ampliam respectivamente sem interrupção [...]. As sínteses graduais do possível e do necessário subordinam o real, estruturando-o melhor".

3.1 O possível e o necessário

Em *O possível e o necessário*, Piaget (1985) nos mostra como a formação dos possíveis, e as sucessivas aberturas para outros que um possível provoca, constitui o melhor argumento contra uma concepção empirista do conhecimento. Com efeito, diz ele, na introdução ao volume 1 – *Evolução dos possíveis na criança*:

> O possível não é algo observável, mas o produto de uma construção do sujeito, em interação com as propriedades, mas inserindo-as em interpretações devidas às atividades do sujeito, atividades essas que determinam, simultaneamente, a abertura de possíveis cada vez mais numerosos, cujas interpretações são cada vez mais ricas. Por conseguinte, existe aí um processo formador bem diverso do invocado pelo empirismo e que se reduz a uma simples leitura.

---

15. PIAGET, J. "Lo posible, lo imposible y lo necesario". Tradução em espanhol publicada na Revista *Infancia y Aprendizaje*, 1981, p. 111.

Neste volume encontramos propostas às crianças que, ao mesmo tempo, exemplificam a criação de possíveis e explicitam como a pesquisa epistemológica foi realizada por Piaget e seus colaboradores: "As posições possíveis de três dados sobre um suporte" (cap. 1, com C. Monnier e S. Dionnet); "Os trajetos possíveis de um carro" (cap. 2, com C. Monnier e J. Vauclair); "O recorte de um quadrado" (cap. 4, com E. Marti e C. Coll); e assim por diante.

No volume 2 – *Evolução dos necessários na criança* – as propostas não são tão simples, pois é preciso que a pesquisa capte, e expresse, como a criança coordena ou compõe possíveis, constituindo assim uma espécie de concepção sobre o mundo, as coisas e as pessoas, de tal modo que vemos ou compreendemos um fenômeno de acordo com a nossa forma de concebê-lo – em cada instante. Entretanto, novos possíveis obrigam a reorganização de outros necessários, ou modos de ser e de pensar, numa interdependência entre possíveis e necessários que constitui a própria natureza do conhecimento[16]. Em decorrência o real, para alguém em um determinado instante, consiste nas diferenciações e integrações que a pessoa realiza, ou presentifica, na interação com

---

16. Interessante observar em *E o cérebro criou o homem*, de António R. Damásio, notável coincidência ou convergência entre os aspectos neurológicos e da fisiologia do cérebro para a constituição da consciência e do *self* e as contribuições de Jean Piaget para elucidar a gênese do conhecimento humano. Tanto para Piaget quanto para Damásio, consciência e construção de conhecimentos atendem à regulação – que é a própria vida [N.A.].

aspectos da realidade, sendo portanto uma construção do sujeito e não dados fixos dos objetos.

A seguir, os leitores encontrarão um lindo e inspirado artigo, "Qual Hefestos ou Afrodite", no qual o Prof. Lino de Macedo[17] nos leva a compreender os elaborados conceitos de possível e necessário.

Qual Hefestos ou Afrodite

Conta-se (cf., p. ex., BOLEN, 1984/1990) que Afrodite, deusa da beleza e do amor, era casada com Hefestos. Mas, porque ela não amava aos homens – e sim o que era próprio daquelas formas – usava-os como simples exercícios delas, substituindo-os entre si, segundo sua (de Afrodite) escolha. Hefestos, por ser o marido, era certamente quem mais sofria. Sofrimento maior ainda, visto ser coxo e desajeitado. Desejoso de provar aos deuses sua triste sina, construiu uma rede para aprisionar Afrodite com seu eventual amante. Conta-se, também, que os deuses riram de sua vã ilusão e que Afrodite, indiferente a Hefestos, continuou sua vida de espalhar – fugidia e efêmera – a beleza e o amor sobre todas as coisas e, zelosa, garantir que ninguém mais o fizesse melhor que ela.

$\longrightarrow$

---

17. Lino de Macedo é membro da Academia Paulista de Psicologia e docente aposentado (a partir de agosto de 2011) do Instituto de Psicologia da Universidade de São Paulo, onde exercia o cargo de professor titular. É professor e orientador no Programa de Pós-graduação em Psicologia Escolar e do Desenvolvimento Humano, neste instituto, na perspectiva de Piaget. "Qual Hefestos ou Afrodite" foi especialmente escrito para esta proposta curricular [N.A.].

Hefestos em sua busca de aprisionar Afrodite não se saiu tão mal. Desajeitado que era, tornou-se o artesão mais ilustre, o preferido dos deuses. Tornou-se artista. Ao tentar aprisionar Afrodite, pode interiorizar sua "forma", ou melhor, os critérios (ou exigências) dela. E agora seu desafio é – em cada peça de artesania – superar cada vez mais seu desajeitamento e, ainda que em vão, dar à peça algo que lhe recorde sua deusa, ou sua imagem que agora ele tem dentro de si e que, em homenagem a ela, tenta tornar visível, nos seus trabalhos, para todos nós.

O trabalho de Hefestos é comparável com aquele que Piaget nos conta (cf., p. ex., 1936/1970) sobre a importância da construção de esquemas de ação para a criança. Essa, tentando vê-la em sua própria perspectiva, nasce "coxa" e "desajeitada" para os imensos desafios que enfrenta nas inevitáveis trocas que estabelece com o mundo e as pessoas, mormente com essa "Afrodite" – sua mãe – com a qual, ao menos em nossa sociedade, a maioria das crianças já nasce "casada". O termo "coxo" lembra-nos todas as insuficiências das habilidades motoras, sensoriais e principalmente simbólicas da criança, no contexto destas trocas. O termo "desajeitado" lembra-nos a insuficiência de suas coordenações.

Qual Hefestos, a criança terá que construir estes esquemas de ação. Para isso, Piaget (1981/1985 e 1983/1986) descreveu-nos duas modalidades que ela utiliza nesta construção. Uma delas são os "possíveis" por intermédio

→

dos quais a criança "compreende" o objeto – ou melhor, faz uma abstração de suas formas, ainda que circunstancial. A outra são os "necessários" por intermédio dos quais a criança "estende" suas ações, coordenando-as no espaço e no tempo, formando novos esquemas.

Compreender algo como um objeto significa transferir para ele, ainda que por correspondência, os conteúdos de nossas ações, que lhe são aplicáveis. Se esses conteúdos são insuficientes, quantitativa ou qualitativamente, como é o caso da criança pequena, a condição deste compreender é diferenciar os esquemas, é criar novas possibilidades, ou... restar na primeira fase de Hefestos, incapaz ainda de reter sua fugidia e caprichosa Afrodite. Assim, fazer de outro modo, encontrar uma solução diferente para uma tarefa difícil, combinar coisas conhecidas de um outro modo, ousar ir além dos limites, enfim aprender, sofrendo os desafios dessa travessia, são condições para "aprisionar" – por nossos esquemas de ações – aquilo que corresponde ao que é próprio de um objeto, ao que lhe dá *forma*, ou lhe define os limites, o que é, ou não, dele. Tarefa nada fácil, insisto, para uma criança pequena.

Entender algo como um esquema de ação significa poder abstrair das formas dos objetos um conteúdo comum a eles. Significa descobrir, criando um novo esquema, o que lhe é necessário ou invariante. Hefestos em sua trajetória para conquistar Afrodite pensou na rede como correspon-

→

dendo a duas de suas necessidades: (1) Provar suas frequentes traições (na perspectiva de Hefestos) e (2) Retê-la – com sua infinita beleza e com seu eterno amor – só para ele. O ponto de chegada, já o sabemos, foi que Hefestos, não logrando reter Afrodite, apreendeu dela a beleza e o amor (esta sempre buscada forma de relacionamento com um outro ou consigo mesmo) como conteúdos, agora necessários aos seus esquemas de ações, ele que se tornou o artista preferido dos deuses e dos homens.

Em síntese, para construir algo como uma forma é necessário que os conteúdos da ação diferenciem-se, multipliquem-se criativamente, tornando assim possível sua assimilação como algo novo. Para isso, as transformações das ações estão subordinadas às suas correspondências com o objeto, cuja forma trata-se de fixar como imagem, gesto, utensílio, texto, obra de arte etc. Para construir algo como um conteúdo a criança, por suas ações, deve retirar das diversas formas que o expressam aquilo que lhes é comum, que lhes dá coerência (lógica ou estética), que se conserva de uma forma para outra. Assim não fosse, como retiraríamos das coisas estruturadas como objetos as formas que as caracterizam: Sua natureza branca, bela, ordenável, quantificável etc.?

Quem diz construção de formas e conteúdos via possíveis e necessários, diz atribuição de significação a um objeto, cujas formas e conteúdos trata-se justamente de se apropriar pelos correspondentes esquemas de assimilação.

Voltando às nossas metáforas, trata-se – como um desafio para Hefestos – de se apropriar simbolicamente daquilo que é próprio de Afrodite. Sendo dela seria algo impossível (no sentido de diretamente inacessível) para Hefestos, impossibilidade que ele soube interpretar como necessidade de criar novos esquemas, superando os anteriores e insuficientes. Para isso, ele teve que criar ou formar símbolos na tripla condição exigida por Piaget (1946/1978): (1) imitar, ainda que parcialmente, algo que era de Afrodite, (2) criar, qual um jogo, novos significados para os objetos que ele dispunha para isso e (3) assim, poder representar (como linguagem plástica, neste caso) algo dela. Em outras palavras, no símbolo, na linguagem, na sua arte, Hefestos pode juntar forma e conteúdo, além de – por suas ações – sentir-se "visitado" por sua deusa.

Eva (5; 1). "É um monstro, olha a cabecinha dele, a camiseta de pirâmide – ele tem uma perna só e os cabelos muiiiito compridos" (Monique Deheinzelin).

É pena que muitas vezes na escola Hefestos e Afrodite só possam estar "casados" como em sua primeira fase: ele, desajeitado e coxo, com suas ações (ou conteúdos) errantes e fugidias formas perfeitas. Os Hefestos são nossos alunos com tantos problemas de aprendizagem, que não encontram sentido naquilo que fazem, desanimados pela busca insensata desta Afrodite, que só vislumbram em seu inacessível horizonte. Esta representa nossas ciências e técnicas, que se pretendem verdadeiras e eficazes, mas que falam em uma linguagem incompreensível para nossos pequenos Hefestos, porque adulta, formalizada, dissociada enquanto forma X conteúdo e que em certos momentos apresenta-se como pura estrutura, e em outros, como pura casualidade. É pena que nós professores não saibamos compartilhar com nossos alunos seu processo de construir esquemas simbólicos graças aos quais possam conquistar, nos moldes de Hefestos, esta Afrodite sem a qual nossa sociedade tratá-los-á como cidadãos de segunda ou terceira classe. Mas, se ela realmente pretendesse algo comparável à solução de Hefestos, talvez fosse bom que valorizasse, já na escola de Educação Infantil, algo daquilo que tentei aqui esboçar. Muitas coisas permitem-me vislumbrar que caminhamos nesta direção e que as formas e os conteúdos, que promovem o desenvolvimento da criança, estão podendo ser trabalhados mais indissociável, mais relacionalmente, ou seja, enquanto algo possível e necessário para a criança, seja enquanto esquemas de ação ou esquemas simbólicos. Qual Hefestos ou Afrodite.

A esta altura, não sei se o leitor terá se dado conta de que não existe um real absolutamente verdadeiro; o que existem são realidades interpretáveis e que, na tentativa de interpretá-las, usamos e transformamos nossos esquemas cognitivos (os possíveis e necessários de cada instante), ao mesmo tempo em que transformamos a realidade. Assim, de acordo com Piaget, "as transformações possuem a chave do saber", vale dizer, a chave do mundo.

Se a educação quiser ser a chave do mundo – lugar de acesso aos seus mistérios – terá que necessariamente trabalhar com transformações, e não com repetições como tem sempre feito.

3.2 Zona de desenvolvimento potencial

Nascido em um lugar bem distante de Piaget – na Rússia, e exatamente no mesmo ano, 1896 –, Lev Semionovitch Vygotsky não viveu entre a placidez dos lagos suíços, e sim na grande turbulência social e cultural do período posterior à formação da União Soviética, em 1917. Estudou literatura, direito e mais tarde medicina. Grandemente influenciado por sua época histórica, Vygotsky investigou os processos psicológicos superiores (aqueles que envolvem inteligência e aprendizagem), à luz das influências culturais que os determinam. Para Vygotsky, nestes processos "o desenvolvimento cognitivo é o processo para adquirir cultura"[18].

---

18. Citado por Michael Cole em *La zona de desarollo próximo: donde cultura y conocimiento se generan mutuamente.*

A linguagem, em suas relações com o pensamento, ocupa um lugar central na obra de Vygotsky e seus colaboradores na Escola Sócio-histórica, Luria e Leontiev: como modo particular de discurso, é o principal meio de transmissão cultural. As interações cognitivas, isto é, o modo como duas ou mais pessoas discutindo um mesmo assunto avançam em seu conhecimento sobre ele, se valem da linguagem como meio de comunicação e expressão.

As interações sociais podem afetar os processos de ensino e de aprendizagem, daí a grande importância da linguagem na atividade dos professores.

Um conceito de Vygotsky muito importante para uso do professor em sala de aula é chamado Zona de Desenvolvimento Potencial ou Proximal. É a região compreendida entre aquilo que uma pessoa já sabe e aquilo que ela pode vir a saber em uma boa situação de aprendizagem; a boa situação de aprendizagem sendo aquela em que duos, trios, ou grupos maiores de pessoas podem interagir cognitivamente – sempre por intermédio de linguagens –, cada integrante do grupo avançando mais em seu conhecimento do que avançaria se estivesse sozinho.

Vamos supor, como exemplo, que um grupo de professores estivesse incumbido de discutir o que se entende por relações de ensino e de aprendizagem na presente proposta curricular; leríamos este documento e cada um de nós concluiria algumas ideias sobre as referidas relações. Vamos imaginar que discutíssemos essas conclusões individuais com uma colega: no diálogo, cada uma teria que apresentar suas ideias e argumentar a favor delas; ambas sairiam da conversa com noções mais claras e elaboradas a respeito de ensino e de aprendizagem. Imaginemos agora um seminário sobre a presente proposta, onde os participantes têm oportunidade de discutir entre si e com a equipe que elaborou a proposta o que se entende por relações de ensino e de aprendizagem; em um seminário cheio de vida intelectual, todos os participantes têm oportunidade de avançar mais em suas ideias do que avançariam se estivessem pensando sozinhos. A distância entre o que cada um concluiu por conta própria e até onde chegou na discussão com seus pares, é a chamada Zona de Desenvolvimento Potencial.

Esta região é como uma terra fértil: as condições para que as sementes vinguem já estão lá, mas são necessárias sementes, bom clima e uma colheita inteligente para que o plantio dê certo.

Esta mesma natureza de situação transposta para o trabalho educacional com crianças pequenas nos leva à necessidade de dar a elas informações (as sementes), propiciar a elas oportunidades de reflexão e discussão (o bom clima), possibilitar que elas resolvam problemas instigantes (a colheita). Para o êxito neste tipo de proposta, o professor deverá ter flexibilidade, privilegiando a linguagem como instrumento fundamental para a formação de grupos cooperativos de trabalho, dando muito menos importância ao desempenho individual do que a chamada pedagogia tradicional. Aqui, já estamos pisando em nosso terreno, o terreno próprio dos educadores que é a pedagogia.

4 Nível pedagógico

Juntar a fome com a vontade de comer.

Finalmente chegamos em nosso próprio terreno, que é o da Pedagogia. Fazem parte da Pedagogia a história da educação, fundamentos da didática, metodologias de ensino e de aprendizagem, sistemas de avaliação. É muito importante notar que o terreno pedagógico parece não ter uma especificidade independente das escolhas antropológicas, filosóficas e psicológicas realizadas nos níveis curriculares precedentes, razão pela qual este currículo está organizado segundo níveis necessariamente inclusivos.

Assim, o construtivismo tem sua origem na filosofia, explicita-se na psicologia, para só então ser constituído em metodologias de ensino e de aprendizagem. Ao profissional incumbido dessa metodologia caberá a difícil, quase sobre-humana tarefa de integrar o modo de ser dos indivíduos (explicitado nos níveis antropológico e psicológico com a descrição de aspectos do desenvolvimento humano) e as características formais dos objetos de conhecimento. Esta integração significativa é condição para a transformação do pensamento e a criação de novos conhecimentos.

Como vimos no nível psicológico, a transformação é a chave do saber; se o saber é assunto da escola, a escola é o lugar que deve propiciar transformações. Ora, quando transformamos, algo é transformado; o quê, em nosso caso?

4.1 Intencionalidade educativa – Juntar a fome com a vontade de comer

Na educação construtivista são transformados continuamente os objetos de conhecimento e o modo de pensar dos alunos. Para que isto aconteça é necessário que os objetos de conhecimento estejam presentes em sala de aula, de forma intencional. Em palestra realizada na Escola de Aplicação da USP (São Paulo, junho de 1992), as pesquisadoras Ana Teberosky e Liliana Tolchinsky relataram como, trabalhando com crianças pequenas em Barcelona, Espanha, concluíram que toda transformação é sempre uma criação, uma transgressão às regras, normas e pertinências dos sistemas. Assim, disseram elas, é necessário que as crianças conheçam as regras, normas e pertinências dos objetos de conhecimento, para que possam transformá-los, transformando-se a si próprias no ato de aprender.

Chegamos então à necessidade de definir a função da escola de Educação Infantil: colocar à disposição das crianças as regras, normas e convenções dos objetos de conhecimento. Em poucas palavras, ensinar às crianças elementos fundamentais de nossa cultura.

O que entendo por ensinar (etimologicamente, apontar signos) fica iluminado pelo nível psicológico, e será explicitado neste nível em especificações didáticas e metodológicas; no momento temos que discutir ainda a função educativa da chamada Educação Infantil.

Começarei discutindo o termo "pré-escola". O prefixo "pré" diz de algo que precede, que prepara; não é sem razão que este segmento da escolaridade do qual estamos tratando foi chamado de pré-escola, uma vez que sempre teve uma intencionalidade preparatória: preparar para a vida, preparar para o desenvolvimento integral da pessoa, preparar para o ingresso da criança no Ensino Fundamental. Entretanto assumimos no nível antropológico desta proposta que a criança não é um vir a ser: ela é desde sempre uma pessoa, um ser pensante, pulsante, que tem o direito de viver com plenitude cada instante de sua existência. Por esta razão, descartamos todo e qualquer procedimento preparatório da pré-escola, motivo pelo qual não faz mais sentido chamá-la de pré-escola. Em falta de termo melhor, passaremos a chamá-la de escola de Educação Infantil[19].

Além do caráter preparatório, a pré-escola tradicionalmente teve um caráter assistencialista: assistir as necessidades básicas das crianças, como a alimentação e a higiene, tentar suprir suas carências afetivas, emocionais e cognitivas têm sido iniciativas encontradas em grande número de pré--escolas no Brasil, ocupando praticamente todo o espaço e o tempo de trabalho com as crianças pequenas.

Nesta proposta curricular os cuidados com as crianças ganham outras amplitudes e sentidos quando a Educação Infantil revela sua função, que é a transformação – pela aprendizagem – dos objetos de conhecimento. Sem deixar de ali-

---

19. Conforme mencionado em nota anterior, atualmente esta é a nomenclatura oficial para esta etapa da educação [N.E.].

mentá-las, os professores podem agora propiciar às crianças experiências significativas; sem descuidar do dia a dia, o professor cuidará também da aprendizagem – sua e de seus alunos –, na medida em que todos estarão em um ambiente de criação e descoberta; e finalmente os professores e as crianças poderão expressar seus afetos em situações de trabalho cooperativo.

Em outras palavras, temos na Educação Infantil a oportunidade de juntar a fome com a vontade de comer, satisfazendo, ao mesmo tempo, necessidades e possibilidades.

Devemos então definir o que entendemos por objeto de conhecimento. Tradicionalmente, a escola procurou transmitir conteúdos ou disciplinas, os quais eram vistos como verdades científicas universais, sem dimensão histórica e social. Nesta perspectiva, a matemática, por exemplo, sempre foi e sempre será o lugar da afirmação $2 + 2 = 4$ (embora Caetano Veloso tenha afirmado, poeticamente, em uma canção sua cantada por Roberto Carlos, que "Tudo certo como 2 e 2 são 5"...). Do ponto de vista da Epistemologia Construtivista, ao tentar entender as regras matemáticas, nós as transformamos ao mesmo tempo em que somos transformados por elas. Deste modo, ao longo da história da humanidade, a Matemática foi se constituindo como objeto de conhecimento: um sistema de dados, ideias e maneiras de combiná-las, que deve ter coerência interna e deve ser autoconsistente; um sistema fechado em suas regras, normas e convenções a cada instante histórico e um sistema aberto à história cultural de cada pessoa que lida com ele. Neste sentido, a Matemática faz o matemático e vice-versa.

Uma vez definido objeto de conhecimento, teremos que fazer uma escolha, que é sempre arbitrária, entre quais objetos de conhecimento estarão presentes em um projeto curricular.

Esta escolha, a meu ver, deve ser balizada por dois critérios básicos: a continuidade educativa e os elementos culturais que são imprescindíveis para a vida na sociedade contemporânea. A continuidade educativa diz respeito à transição entre a Educação Infantil e os anos iniciais do Ensino Fundamental; se não vamos prepará-las para o 1º ano, tampouco faz sentido haver um corte abrupto entre o que as crianças puderam aprender enquanto pequenas e o que elas aprenderão a seguir.

Os elementos culturais básicos para a vida em sociedade são aqueles que compõem os seguintes objetos de conhecimento:

- Língua Portuguesa
- Matemática
- Ciências
- Artes

Afortunadamente os dois critérios mencionados acima nos conduzem à mesma escolha e assim podemos avançar nas colocações para o nível pedagógico: a escola de Educação Infantil tem por função social ensinar Português, Matemática, Ciências e Artes para seus alunos.

Neste ponto, muitas objeções podem ser levantadas: que este currículo corresponde a uma antecipação do currículo de Ensino Fundamental; que as crianças são pequenas demais para estudar e compreender o que proporemos a elas; que elas não têm ainda capacidades psicomotoras para desempenhar-se e terem êxito nas propostas; que procedendo nesta direção estaremos desconsiderando os aspectos afetivos das crianças – sua vida emocional –, bem como os jogos e brincadeiras próprios para esta faixa etária. Veremos a seguir, no projeto curricular, que estas objeções foram consideradas nesta proposta; por ora darei apenas dois exemplos.

Os educadores estão de comum acordo quando assumem trabalhar com linguagem oral ou comunicação e expressão com as crianças pequenas. Entretanto, qual a língua suporte para a comunicação oral? Em nosso caso, no Brasil, é a Língua Portuguesa; ao não assumi-la em nossos currículos, perdemos todo um horizonte de possibilidades de trabalho com as inclinações, inflexões e reflexões desta linda Flor do Lácio que é o Português.

O segundo exemplo encontramos no trabalho com arte, mais especificamente com as artes visuais ou plásticas. Propomos às crianças atividades de desenho, pintura, modelagem, recorte e colagem; a que objeto de conhecimento referem-se estas atividades? São conteúdos específicos daquilo que o homem tem de seu e que o aproxima dos deuses – a arte. Desfigurando o mais maravilhoso instrumento de criação humana – ao trivializá-lo em atividades mecânicas – os educadores perdem de vista o sentido da criação.

As modalidades de trabalho com os objetos de conhecimento devem estar explicitadas em metodologias de ensino e de aprendizagem relacionadas a princípios didáticos; estes são itens que compõem o projeto curricular.

II
Projeto curricular

O projeto curricular contém especificações metodológicas e didáticas para o desenvolvimento da intencionalidade de ensino e de aprendizagem de quatro amplos objetos de conhecimento. Como vimos, os profissionais da Educação Infantil estão incumbidos de ensinar Língua Portuguesa, Matemática, Ciências e Artes para as crianças pequenas.

Os itens do projeto curricular estão incluídos uns nos outros, bem como incluídos nos itens do marco curricular, de tal modo que marco curricular e projeto curricular compõem um todo coerente, harmônico e dinâmico.

Serão abordados os seguintes itens: Objeto de conhecimento, Conteúdos específicos, Objetivos de ensino e de aprendizagem[20], Estratégias de ensino e de aprendizagem e Instrumentos do professor.

---

20. Importante observar que o sujeito, protagonista ou responsável pelo ensino é o professor, enquanto o sujeito da aprendizagem é a criança; ainda que estas posições possam ser invertidas, será sempre com objetivos didáticos, e sob a orientação do professor [N.A.].

Mas antes de entrar na abordagem específica de cada uma das áreas, vamos esclarecer um pouco os itens acima e levantar os aspectos e fundamentos de cada um deles que são comuns ao ensino de todas as áreas. Para tanto, discutiremos também alguns dos posicionamentos que norteiam as propostas deste projeto curricular.

Conforme foi elaborado no marco curricular, em especial no nível filosófico, nos orientamos aqui por uma visão construtivista de *objeto do conhecimento*. Nesta perspectiva, o objeto de conhecimento não parte de um fato absoluto e verdadeiro, mas de uma interpretação da realidade, construída pelo sujeito por intermédio de linguagens. É por meio desta interpretação que se constituem, ao mesmo tempo, o sujeito e o objeto, em uma interação contínua. Já os *conteúdos específicos* são aqueles com os quais trabalharemos com as crianças pequenas, escolhidos no amplo espectro do horizonte dos objetos de conhecimento. São considerados conteúdos específicos aspectos: da Literatura e Linguística; de Aritmética e Geometria; de Música, Dança, Teatro, Desenho, Pintura e Escultura; das Ciências Humanas e da Natureza que sejam relevantes culturalmente e propícios à aprendizagem significativa das crianças. Consideramos que é o jogo – forma de pensamento da criança, por excelência, que torna viável a construção de conhecimentos no âmbito destes conteúdos específicos de ensino e de aprendizagem.

Objetivos de ensino e de aprendizagem correspondem às metas ao pretender ensinar aos alunos aspectos de disciplinas específicas: o que se considera mais relevante e o que é secundário na aprendizagem avaliada de forma processual. Pensar em objetivos é pensar para frente, aonde se quer chegar, sem, entretanto, prefixar as estratégias para atingir os objetivos. É esta a razão central pela qual o currículo é instrumento flexível que se realiza na medida do trabalho do professor. Pensamos em metas a atingir, adotamos estratégias, contamos com instrumentos e avaliamos o que foi realizado pelas crianças a partir de nosso objetivo, só para recomeçar incessantemente o mesmo processo.

Para compreendermos estes objetivos gerais de ensino e aprendizagem precisamos nos deter nas relações entre desenvolvimento e aprendizagem e na forma como elas são abordadas em diferentes projetos pedagógicos. O desenvolvimento ocorre – digamos assim – no interior de uma pessoa, na medida em que esta interage com situações externas propícias; não existe a possibilidade da própria pessoa, ou alguém de fora, dirigir intencionalmente o desenvolvimento. Em outras palavras, não é possível ensinar a alguém as formas de seu desenvolvimento. Por outro lado, a aprendizagem de conteúdos é vista como contrapartida do seu ensino, e nesse sentido é provocada; pode ser provocada intencionalmente, sendo esta exatamente a função dos educadores. Uma aprendizagem é significativa quando os conteúdos aprendidos são em si plenos de sentido e quando encaixam com os esquemas assimilativos, isto é, as formas de pensamento, do aprendiz.

Não digo que o desenvolvimento é espontâneo e que a aprendizagem é apenas consequência do ensino, mas é importante que consigamos estabelecer as proximidades e distâncias entre ambos. Para isto farei referência a um breve histórico de experiências escolares.

Até aproximadamente quarenta e cinco anos atrás, a escolaridade privilegiava a aprendizagem de conteúdos, segundo os procedimentos da chamada escola tradicional. Estou chamando de escola tradicional aquela com duas características principais:

1) Na escola tradicional os conhecimentos são vistos como verdades absolutas a serem transmitidas para as crianças; por exemplo, a matemática sempre foi e sempre será uma coleção de números constantes ou variáveis articulados segundo regras imutáveis e indiscutíveis. Segundo este ponto de vista, a matemática deve ser ministrada aos alunos em pequenos pedaços – do mais fácil ao mais difícil – e esses pedaços devem ser aprendidos pelos alunos por efeito cumulativo. Suponhamos a matemática como um rocambole; parte-se este todo em fatias; as fatias são explicadas uma a uma aos alunos, os quais devem depositá-las em suas cabeças como se a mente fosse uma espécie de vaso, de receptáculo onde se depositam informações. Uma fatia juntando-se à seguinte, aos poucos o rocambole, que era do domínio estrito da escola, vai sendo transferido pelo professor para a cabeça do aluno. Nesta perspectiva a matemática, que aqui tomo como exemplo, não tem dimensões históricas e sociais, não há interações entre sujeito e objeto e se considera que os mecanismos internos de aprendizagem baseiam-se exclusivamente na repetição e na memorização.

2) A escola tradicional não se beneficiou das pesquisas a respeito dos mecanismos internos de ensino e de aprendizagem (o funcionamento da caixa-preta referida no nível psicológico de nosso marco curricular). Estes mecanismos foram sendo desvendados pela psicologia cognitiva a partir de 1920, mais ou menos, e só a partir da década de 1970 começaram a ser conhecidos pelos educadores. A psicologia de maneira geral teve uma maior difusão na sociedade a partir dessa época, com os movimentos que propunham transformações dos costumes e da moralidade, como por exemplo, o movimento *hippie* e o movimento de maio de 1968 na França. Nesses movimentos os jovens postulavam maior liberdade para os indivíduos, quebrando normas e regras sociais obsoletas, contrapondo-se às restrições familiares e sociais – entre as quais se destacam aquelas impostas pela escola –, que impediam a livre-expressão das pessoas. É nessa época que surge a escola de Summerhill na Inglaterra, na qual Alexandre O'Neill e seus colaboradores propunham que as crianças convivessem em liberdade, num ambiente que propiciasse a sua livre-expressão[21]. Entretanto, as psicologias do desenvolvimento emocional e do desenvolvimento cognitivo estavam ausentes do panorama da escola tradicional.

Em contraposição ao que estou chamando aqui de escola tradicional, foi ainda a partir da década de 1970 que alguns educadores começaram a articular projetos pedagógicos alternativos.

---

21. Esta experiência está descrita em seu livro *Liberdade sem medo*.

A escola alternativa é derivada da Escola Nova (um movimento que propunha uma renovação educacional no Brasil e teve seu auge na década de 1930), e esta por sua vez deriva do pensamento e das propostas educacionais de Dewey, Decroly e Fröebel, principalmente.

Nos projetos alternativos dos últimos vinte e cinco anos, não se tinha uma ideia muito clara do que sim, se queria, mas apenas ideias claras a respeito do que não, não se queria. Não se queria a desconsideração para com o modo de ser da criança e nem tampouco o ensino de conteúdos segundo a sistemática tradicional. Na pedagogia dita alternativa, privilegia-se a livre-expressão da criança: seu modo de brincar, falar, desenhar etc. Há nessa pedagogia uma ênfase nos sistemas de representação da criança, atribuindo-se grande importância às modalidades da função simbólica, notadamente a imagem mental, o desenho e o jogo dramático ou faz de conta. Uma vez que a função simbólica foi extensamente estudada por Piaget e seus colaboradores na Escola de Genebra, explica-se também assim a entrada de Piaget no cenário dos educadores.

A oposição entre essas duas posturas parece nos colocar diante de um dilema: ou bem privilegiar a aprendizagem mecânica de conteúdos, à maneira da escola tradicional, ou bem privilegiar os aspectos integrados do desenvolvimento, como tem feito a escola alternativa. Entretanto, lançando um outro olhar sobre a questão, vemos que se trata de um falso dilema, uma vez que podemos fazer interagir o modo de ser dos sujeitos da aprendizagem (o seu desenvolvimento interno), com o modo de ser dos objetos de conhecimento (os conteúdos escolares), interligando os dois lados de nossa equação, que não são excludentes e sim complementares.

O movimento da escola alternativa, de certa maneira, jogou fora "o bebê com a água do banho" ao fazer uma crítica radical da escola tradicional. Esta questão está brilhantemente analisada por Dermeval Saviani em seu artigo "A teoria da curvatura da vara", onde ele escreve que, quando se trabalha a partir dos interesses que as crianças manifestam em sala de aula – na tentativa de privilegiar sua livre-expressão –, com uma população que tem acesso aos bens culturais, de alguma forma estes bens são socializados; porém, quando se trabalha com população com pouco ou nenhum poder aquisitivo, a cultura permanece inacessível para essas crianças, uma vez que em nosso país grande parte dos bens culturais tem que ser adquirida a custo alto para o poder aquisitivo da população.

Assim, se a escola não fornece os elementos da cultura em geral, trabalhando apenas com aqueles trazidos pelas crianças – e que, portanto, já fazem parte de seu universo –, ela não se constitui como via de acesso democrático ao conhecimento, confinando as crianças em sua classe social de origem.

Bem, quando procuramos integrar significativamente o modo de ser das crianças com os elementos constitutivos dos objetos de conhecimento, quais são as mudanças ocorridas, tomando-se como parâmetro as características da escola tradicional referidas acima?

Em primeiro lugar, os conteúdos ou disciplinas não são mais vistos como verdades universais absolutas, mas sim como frutos da história da humanidade em suas tentativas de fazer uma correspondência entre natureza e cultura, isto é, em seu afã de construir conhecimentos. Assim, as disciplinas do conhecimento humano têm sempre características históricas e sociais que lhes conferem flexibilidade e contínuas mudanças. Em segundo lugar, as pesquisas sobre as relações complexas e heterogêneas entre ensino e aprendizagem ocupam um lugar privilegiado no planejamento e na avaliação escolares, fornecendo amplo espaço de consideração e respeito para com os sujeitos aprendizes. É a partir desta postura que são propostos e elaborados os conteúdos específicos e os objetivos de ensino e de aprendizagem deste projeto curricular.

Estratégias de ensino e de aprendizagem são as modalidades de atividades possíveis de serem propostas às crianças, atendendo os objetivos de ensino e de aprendizagem. As estratégias revelam-se em procedimentos, ou passos concatenados para atingir a meta, e aqui se cruzam no espaço educativo três planos procedimentais: o das estruturas internas que geram objetos de conhecimento, o das condutas e intenções didáticas de professores e, principalmente, o da criança ao realizar a atividade proposta.

A palavra "estratégia" é tomada de empréstimo da terminologia militar: nas vésperas de grandes batalhas os generais se reúnem em torno do mapa e da topografia do lugar onde se dará a batalha e investigam quais seriam as melhores condutas para ganhar posições; usamos este termo na pedagogia pela semelhança entre a postura do educador e dos estrategistas militares (apenas neste caso!). Do ponto de vista de uma pedagogia mais científica, segundo o pesquisador e epistemólogo argentino José Antonio Castorina, estratégia é um certo ordenamento das ações no curso da solução de um problema, no qual cada passo é importante para o seguinte[22].

Neste projeto curricular faço referência a modalidades de atividades e não a atividades prontas e acabadas; isto porque o terreno das estratégias de ensino e de aprendizagem é aquele da criação do professor, onde ele pode se realizar como artista da educação. A partir dos elementos do currículo, e da experiência de observar, registrar, analisar, avaliar o que acontece em sala de aula, o professor poderá planejar o que ele deve propor às crianças em seguida. Trata-se de um trabalho artesanal, que não pode ser dirigido por algo (detalhamento curricular) ou alguém (diretores, coordenadores, orientadores) que esteja fora da rica e complexa dinâmica das situações em sala de aula. Por outro lado, a criação de atividades significativas tampouco é possível sem uma base conceitual sólida, e esta é a razão de ser do presente currículo. Para que o professor se aproxime do artista, do mago, do colecionador das preciosidades que as crianças dizem e fazem, necessita de um marco e de um projeto curricular que lhe forneça as bases conceituais, ponto de partida para sua criação autônoma.

---

22. CASTORINA, A.J.; FERREIRO, E.; LERNER, D. & OLIVEIRA, M.K. *Piaget-Vygotsky: novas contribuições para o debate.*

Uma vez que, para os objetivos desta proposta, não se observa variações importantes no trabalho com crianças de quatro a seis anos, não farei especificações classe a classe neste projeto curricular: as variações que se fizerem necessárias, serão efetuadas por professoras e professores em seu dia a dia, usando para isso os instrumentos aqui elencados.

E, finalmente, *instrumentos do professor* são o arsenal de conceitos e materiais para colocar em ação este currículo. Além dos instrumentos listados dentro de cada conteúdo específico, educadoras e educadores dispõem de alguns instrumentos fundamentais que serão utilizados em todas as áreas:

- Marco curricular
- Organização
- Observação
- Avaliação
- Planejamento
- Intervenções pedagógicas
- Livros e materiais diversos
- Cursos, palestras, publicações, internet

A lista acima indica instrumentos privilegiadamente de natureza conceitual e não apenas as condições materiais de trabalho. Com esta ênfase, poderemos sair de um círculo vicioso segundo o qual a falta de material das escolas, associada à pobreza material de professores e alunos, conduziria necessariamente à má qualidade do ensino, e a má qualidade do ensino por sua vez serviria para manter a desigualdade econômica existente em nosso país.

Possuindo um norte teórico e um leque abrangente de ideias, os professores contarão com recursos de seu tesouro interior, conseguindo assim certo grau de independência da situação econômica.

O mais essencial instrumento do professor – o primeiro de todos – é o marco curricular, sistema de bases conceituais, espinha dorsal do currículo, que ao mesmo tempo abre e fecha as colocações, como Ouroboros, a serpente sedutora do conhecimento que, ao morder a própria cauda, faz circular a vida.

Investiguemos mais de perto as condições de trabalho do professor. Não bastassem as dificuldades materiais, o professor tem frequentemente classes numerosas – com trinta ou mais crianças, alunos de diferentes idades em uma mesma classe, compondo uma sala de aula rica, trabalhosa e heterogênea. Naturalmente que as atividades planejadas devem partir destes dados e não negá-los, mesmo porque toda classe é heterogênea, uma vez que nenhuma criança é igual à outra, mesmo quando ambas têm a mesma idade. Como diz o provérbio popular, "em cada cabeça uma sentença".

Neste contexto, os instrumentos que organizam o trabalho, como a rotina – sequência de atividades do dia a dia, a roda, os combinados disciplinares, a arrumação da sala de aula são muito importantes. É frequente ouvir do professor queixas sobre disciplina como, por exemplo: "achamos que na proposta construtivista, as crianças apresentam comportamento incontrolável".

Isto depende do que se entende por proposta construtivista: quando as crianças estão envolvidas cooperativamente em atividades interessantes e significativas, elas não têm sequer tempo para se dedicarem à bagunça e à agressão. Quando, ao contrário, são colocadas em atividades enfadonhas e mecânicas, procuram todos os meios para escapar delas. O mesmo acontece quando se tem uma visão espontaneísta do trabalho, em que todas as iniciativas devem partir das crianças. Quem dá as cartas é o professor, que deve manter seu lugar de autoridade, sem ser jamais autoritário ou injusto, sem confundir a atividade da criança com "comportamento incontrolável".

Outro instrumento importante é a observação e avaliação do trabalho realizado. As avaliações realizadas pelo professor devem sempre ser registradas por ele, em um caderno, em folhas soltas, ou digitalmente – depende do sistema de organização de cada um. O fundamental é que sejam registradas, acompanhadas da reflexão do professor, porque sem estes subsídios não há como ter autonomia e domínio da função de educador. Existem registros mais facilmente sistematizáveis, como os transversais e os longitudinais.

Nos transversais fazemos uma tábua de dupla entrada, colocando na horizontal os nomes de cada um dos alunos e na vertical o que queremos avaliar. Por exemplo, no ensino de matemática, podemos avaliar as estratégias de contagem de cada criança: "conta os números de dois dados lançados colocando um dedinho em cima de cada bolinha; lê perceptualmente o primeiro dado e, para fazer a adição, continua a contar as bolinhas do segundo usando os dedos; lê perceptualmente os dois dados e faz a soma nos dedos; lê os dois dados e faz a adição mentalmente". Estas diferentes estratégias de contagem estão em uma escala crescente – da mais primitiva para a mais avançada. Observando a conduta cognitiva das crianças, bastará então que o professor assinale a estratégia de contagem de cada um. Conhecendo-as o professor poderá pensar em jogos e problemas que façam as crianças avançarem em seu processo de conhecimento matemático.

	João	Maria	Pedro	Joana	Tereza
Lê dados usando um dedo para cada bolinha.			X	X	
Um dado perceptualmente e outro com dedos.	X				
Lê perceptualmente, adição nos dedos.		X			
Lê perceptualmente, adição mental.					X

Nos longitudinais, acompanhamos a trajetória de cada criança ao longo do ano. Podemos, por exemplo, recolher um registro numérico espontâneo que a criança produziu em março, outro da mesma natureza em junho, outro em agosto e finalmente o último do ano em novembro. Analisando estes quatro documentos, vemos claramente como, e se, a criança evoluiu na escrita de quantidades. Este sistema de avaliação serve ao trabalho com todos os objetos de conhecimento. Por exemplo, em língua portuguesa podemos recolher produções escritas de propostas de natureza semelhante, em artes recolher desenhos, e assim por diante.

Com base no marco curricular, no projeto curricular, registro das observações e avaliações do trabalho já realizado, o professor deve buscar, como mencionamos acima, planejar as atividades que considera mais adequadas para a turma com a qual está trabalhando, em um trabalho artesanal.

Toda proposta de atividade, comentário ou resposta a uma pergunta da criança, avaliação da conduta ou da aprendizagem da criança consiste em intervenção didática. O melhor a fazer é tomarmos consciência de nossos atos em sala de aula (fora desta também!) para integrá-los continuamente na prática cotidiana que conduz a aprendizagens significativas, abrindo mão das intervenções didáticas que avaliamos inócuas ou ineficazes. Em cursos, palestras ou grupos de formação, as intervenções do professor consistem em valiosas fontes de informação e reflexão a serem tematizadas.

Em casos de turmas grandes e de idades variadas, a heterogeneidade e o grande número de alunos fazem com que o professor tenha que pensar em atividades acessíveis e interessantes para todos, podendo ainda trabalhar com a classe dividida em subgrupos, cada um deles incumbido de realizar uma proposta diferente. O professor de Educação Infantil, além de ser polivalente, isto é, de saber ensinar todos os assuntos, tem também o poder de se desdobrar em mil pessoas, atendendo simultaneamente situações e crianças diversas. É trabalhoso, mas ao mesmo tempo é apaixonante.

Em relação aos instrumentos materiais com os quais conta o professor, livros, recursos digitais e a internet têm se tornado recursos necessários e enriquecedores à prática educativa, além de brinquedos, materiais para arte, ciências e todo tipo de jogo. Estes instrumentos serão discutidos dentro de cada conteúdo específico.

Por fim, temos que ter em mente que a escola está inserida em um contexto maior e o trabalho realizado em sala estará sempre relacionado com a comunidade onde se encontra, e, em especial, com a família das crianças. A comunidade refletirá o que se passa no intramuros da escola: se as crianças aprendem muitas coisas, avançam em seus conhecimentos, e se os professores – conhecendo seu ofício – são capazes de argumentar a respeito de seus procedimentos pedagógicos, a escola e seus profissionais obterão o reconhecimento social; caso contrário, serão alvos de críticas permanentes. Por outro lado, é notável a resistência a mudanças da sociedade e dos pais, e se esta proposta puder causar uma verdadeira revolução nas ideias e práticas educacionais, devemos esperar e acolher uma forte reação.

Tratar-se-á, então, de seduzir as pessoas para a nova proposta, mostrando o valor do trabalho produzido. Para isto, é preciso educar o educador, e contar com todo o apoio e compreensão da direção das escolas. Se a escola não for o lugar de acesso democrático ao conhecimento, a situação de profunda desigualdade econômica, de injustiça social e de imensas dificuldades para todos aqueles que vivem, trabalham e produzem cultura em nosso país poderá ser mantida indefinidamente. Esta observação vale muito especialmente para todos os profissionais envolvidos em processos educativos, quer em sua formação inicial ou em seu trabalho profissional, onde a formação continuada ocupa lugar central.

1 Língua Portuguesa

É brasileiro, já passou de português.

Ói o nego bom
Um é duzentos
Cinco é mil,
Cinco é um vale
Seu fio chorou,
não bata nele
Compre um nego bom
e dê a ele
Tornou a chorar
dê um copo d'água
Chorou de novo
dê uma cacetada

***

O autor do poema é uma criança de 8 anos que vende Nego bom[23] nos ônibus para Paripe que passam na Liberdade. Ele pega o ônibus na Liberdade – mais ou menos no Duque de Caxias, vai até a Baixa do Fiscal e faz o retorno da mesma

---

23. "Nego bom" é um doce típico do Nordeste, feito com banana, açúcar e limão [N.A.].

forma: horário de 12h30m mais ou menos (MA-RIA JOSÉ CARDOSO. Escola D. Eugenio de Araujo Sales).

Eis um bom exemplo de Língua Portuguesa, onde estão integrados elementos centrais da poesia como gênero literário: a rima, a métrica, o ritmo musical das palavras. Estão também presentes, na primeira estrofe, elementos da Matemática. É com esta riqueza, invenção e complexidade do Português que pretendemos trabalhar neste projeto curricular.

Aqui farei um pequeno parêntese para lembrar das qualidades da Língua Portuguesa falada no Brasil, algo assim como brasileiro e não mais português; para isso, ouçamos a canção de Noel Rosa:

Não tem tradução

Noel Rosa, 1933.

O cinema falado
É o grande culpado
Da transformação
Dessa gente que sente
Que um barracão
Prende mais que um xadrez
Lá no morro, se eu fizer uma falseta,
A Risoleta
Desiste logo do francês e do inglês.
A gíria que o nosso morro criou
Bem cedo a cidade aceitou e usou.
Mais tarde o malandro deixou de sambar
Dando pinote
E só querendo dançar o fox-trot!
Essa gente hoje em dia

Que tem a mania
Da exibição
Não se lembra que o samba
Não tem tradução
No idioma francês.
Tudo aquilo que o malandro pronuncia,
Com voz macia,
É brasileiro, já passou de português.
Amor, lá no morro, é amor pra chuchu,
As rimas do samba não são "I love you".
E esse negócio de "alô", "alô boy",
"Alô, Johnny"
Só pode ser conversa de telefone[24].

Qual é um possível sentido deste verso capital de Noel Rosa, tudo aquilo que o malandro pronuncia/com voz macia/é brasileiro, já passou de português?

Para pensar sobre isso, tomemos o mais antigo exemplo de texto em língua portuguesa produzido nestas terras, distante de nós quase 500 anos: a carta de Pero Vaz de Caminha, relatando ao rei de Portugal o que os aventureiros portugueses haviam encontrado em terras brasileiras recém-conquistadas.

---

24. Sobre Noel Rosa recomendo vivamente a leitura de *Noel Rosa, uma biografia*. Trata-se de emocionante trabalho dos estudiosos e admiradores do cancionista Noel Rosa (1910-1937), João Máximo e Carlos Didier, de onde extraí a letra de "Não tem tradução" (p. 43). Uma vez que a música popular brasileira ocupa lugar de destaque neste currículo, o livro sobre Noel Rosa é leitura que muito nos elucida. Recomendo também a série de programas *Noel Rosa – As histórias e os sons de uma época*, produzidos pela Rádio Cultura em 1992. Este projeto, idealizado por Maria Luiza Kfouri e desenvolvido pelos autores da biografia citada acima, está disponível em http://culturabrasil.cmais.com.br/especiais/especial-noel-rosa, juntamente com diversos outros programas sobre o compositor [Acesso em jun./2014].

Um tubarão

Além do rio, andavam muitos deles dançando e folgando, uns diante dos outros, sem se tomarem pelas mãos. E faziam-no bem. Passou-se então além do rio Diogo Dias, almoxarife que foi de Sacavém, que é homem gracioso e de prazer; e levou consigo um gaiteiro nosso com sua gaita. E meteu-se com eles a dançar, tomando-os pelas mãos; e eles folgavam e riam, e andavam com ele muito bem ao som da gaita. Depois de dançarem, fez-lhes ali, andando no chão, muitas voltas ligeiras, e salto real, de que eles se espantavam e riam e folgavam muito. E conquanto com aquilo muito os segurou e afagou, tomavam logo uma esquiveza como de animais monteses, e foram-se para cima.

E então o Capitão passou o rio com todos nós outros, e fomos pela praia de longo, indo os batéis, assim, rente da terra. Fomos até uma lagoa grande de água doce, que está junto com a praia, porque toda aquela ribeira do mar é apaulada por cima e sai a água por muitos lugares.

E depois de passarmos o rio, foram uns sete ou oito deles andar entre os marinheiros que se recolhiam aos batéis. E levaram dali um tubarão, que Bartolomeu Dias matou, lhes levou e lançou na praia[25].

---

25. Esta versão da carta em português moderno pode ser acessada no Acervo Digital da Biblioteca Nacional, em http://objdigital.bn.br/Acervo_Digital/livros_eletronicos/carta.pdf assim como o fac-símile da carta original, em http://objdigital.bn.br/acervo_digital/div_manuscritos/mss1277755/mss1277755.pdf Pesquisas neste acervo podem ser feitas em http://bndigital.bn.br/acervo-digital [Acesso em set./2014].

É importante lembrar que esta é uma versão da carta em português moderno, onde a ortografia, pontuação e parte do vocabulário foram atualizados. Para se ter uma ideia da extensão das modificações sofridas por nossa língua desde o tempo de Caminha, vejamos o texto na ortografia original:

Huú tubaram

aalem do Río diego díjz alxᵉ que foy de sacauem que he homé graçíoso e de prazer e levou comsígo huü ga yteíro noso com sua gaíta e meteose cõ eles a dançar tomandoos pelas maãos e eles folga uam e Ríam e amdauam cõ ele muy bem ao soõ da gaíta. despois de dançarem fezlhe aly amdando no chaão mujtas voltas líge íras e salto Real de que se eles espantauam e rríam e folgauam muito, e com quanto os co aquílo muito segurou e afaagou, toma uam logo huüa esquíueza coma monteses e foranse pera cjma. E entã o capítã pasou o Río cõ todos nos outros e fomos pela praya de longo hímdo os batees asy a caram de terra e fomos ataa huüa lagoa grande dagoa doçe que esta jumto com a praya por que toda aquela Ríbeíra do mar he apaulada per cjma e saay a agoa per mujtos lugares e depís de pasarmos Río foram huüs bíj ou bííj deles amdar antre os marinheiros que se Recolhiã aos ba tees e leuaram daly huü tubaram que bertolameu díjz matou e leuaualho e lanço ou na praya²⁶.

Quando lemos este trecho tendo como referência a versão moderna, compreendemos seu sentido, mas com dificul-

---

26. A carta em grafia original está disponível em: http://pt.wikisource. org/wiki/Carta_a_El_Rei_D._Manuel_%28ortografia_original%29 [Acesso em set./2014].

dade, uma vez que a ortografia, o léxico e a gramática da língua portuguesa praticada em 1500 eram bem diferentes das atuais. Como podemos ver na imagem abaixo, se tentássemos ler na grafia original o desafio seria ainda maior.

Fac-símile da carta de Pero Vaz de Caminha.

Lendo um texto atual, como uma crônica ou notícia de jornal, entendemos com mais facilidade seu sentido, pois o léxico, ortografia e demais características são familiares. É que, como ilustra Carlos Drummond de Andrade nesta crônica da década de 1940 (cuja escrita compreendemos sem dificuldade), a língua não é algo fixo, mas sim em constante movimento e transformação.

> ### Linguagem
>
> Há um desgaste mais doloroso que o da roupa, e é o da linguagem, mesmo porque sem recuperação. Certa moça dizia-me de um seu admirador entrado em anos, homem que brilhara no Rio de Machado de Assis e Alcindo Guanabara:
>
> — Ele é tão velho, mas tão velho que me encontrando à porta de uma perfumaria disse: "Boa ideia, vou te oferecer um vidro de cheiro!"
>
> CARLOS DRUMMOND DE ANDRADE. *Confissões de Minas*, p. 190.

Pois bem, o que aconteceu com esta língua tão antiga, de origens latinas e que se tornou encantadoramente sul-americana? Será que foram apenas os filólogos, como, por exemplo, Antonio Houaiss, empenhado em uma unificação do português falado em Portugal, Moçambique e Brasil, ou os poetas como João Cabral de Melo Neto, para quem a poesia não é apenas um derramamento lírico e sim uma poderosa ferramenta de transformação da língua, que realizaram as mudanças no português?

Morte e vida severina

APROXIMA-SE DO RETIRANTE O
MORADOR DE UM DOS MOCAMBOS
QUE EXISTEM ENTRE O CAIS
E A ÁGUA DO RIO
– Seu José, mestre carpina,
que habita este lamaçal,
sabes me dizer se o rio
a esta altura dá vau?
Sabe me dizer se é funda
esta água grossa e carnal?
– Severino, retirante,
jamais o cruzei a nado
quando a maré está cheia
 vejo passar muitos barcos,
barcaças, alvarengas,
muitas de grande calado.

JOÃO CABRAL DE MELO NETO. *Morte e vida severina.*

Sem dúvida, as contribuições dos especialistas e a dos grandes escritores são muito importantes, porém não menos importantes do que as de todos nós, usuários da língua portuguesa, que transformamos a nossa língua, ao mesmo tempo em que nos constituímos, como indivíduos, em seu seio.

É com esta língua – flexível e dinâmica –, que realizaremos trabalhos com as crianças. Com o brasileiro que já passou de português.

1.1 Literatura e Linguística

A menor unidade de um texto é o próprio texto.

Os procedimentos tradicionais da educação elementar colocam a alfabetização como pré-requisito para a leitura e a escrita. Na nossa proposta, entretanto, há uma inversão de pré-requisitos: consideramos necessário, antes, o contato íntimo com a língua escrita para que, refletindo sobre suas regras, as crianças conquistem a base alfabética. No ambiente estritamente alfabetizador, apenas as palavras isoladas, descontextualizadas, e portanto sem sentido, têm lugar. Um ambiente de letramento, por outro lado, se propõe a trazer para a sala de aula a língua portuguesa com toda sua riqueza e complexidade, oferecendo aos alunos uma experiência muito mais ampla e instigante para o pensamento. Desta forma, neste currículo não trabalhamos com pré-requisitos, do tipo garantir primeiro a compreensão alfabética com letras, sílabas e palavras isoladas para só depois lançar-se na leitura e produção de textos. Entendemos que sem uma intimidade com as características do texto como um todo, não há como se dar o processo ativo de alfabetização.

E a alfabetização deve, de fato, estar presente na intencionalidade de ensino da Educação Infantil, mas em outro contexto, em um marco curricular – este aqui apresentado, que necessariamente refuta as cartilhas e métodos tradicionais de alfabetização, bem como todos os procedimentos tidos como preparatórios para este importante evento na vida das pessoas, que é saber ler e escrever, envolver-se e ver-se envolvido em práticas de leitura e de escrita.

Para que as crianças escrevam não é necessário que seja do próprio punho: ditando o texto para o professor – o qual funcionará como um escriba, alguém que transcreve em código alfabético o texto oral –, a criança será um escritor, na medida em que as características literárias e linguísticas do texto serão de sua autoria. Para compreendermos melhor a possibilidade das crianças escreverem sem ser de seu próprio punho, basta pensarmos que na Antiguidade muito poucas eram as pessoas que tinham domínio da escritura. Então, especialistas (os escribas profissionais) escreviam o que as pessoas lhes ditavam, como por exemplo, uma carta[27].

Do mesmo modo, quando o professor lê um texto para as crianças, estas são tão leitoras quanto o professor – uma vez que ler não é decifrar o código alfabético, mas sim extrair significado de um texto escrito.

É possível separar a realização de um texto escrito em três momentos: um momento em que o escritor inventa, concebe, tem ideias sobre o que ele quer escrever; um segundo momento em que busca as palavras que possam melhor exprimir as suas ideias; dita então, para si mesmo ou para um escriba, o texto realizado em palavras; e finalmente um terceiro momento em que o próprio autor, ou o escriba, transcreve as palavras usando o código alfabético.

---

27. No filme de Walter Salles *Central do Brasil* (1998), a personagem Dora, protagonizada pela atriz Fernanda Montenegro, escreve cartas ditadas a ela por pessoas que não sabem ler nem escrever.

Na realidade, podemos pensar ainda em um quarto momento, quando outras pessoas, ou o autor, leem o texto resultante, compartilhando de seus sentidos, do seu contexto. Neste momento o texto torna-se polissêmico: cada leitor nele coloca múltiplos sentidos, uma vez que nenhum bom texto diz uma única coisa, é 100% interpretável. Nas frestas de um texto interessante cada leitor situa sua própria imaginação; ao fazê-lo torna-se, na leitura, uma espécie de coautor.

O autor que volta ao seu texto, lendo o que produziu, pode sempre fazer novas reflexões, alterar ideias, ditado ou escritura. Assim procedendo, alterna os papéis de escritor e de leitor, submetendo seu próprio texto a provas rigorosas de coerência no estilo e na gramática. Desta maneira, o ato de escrever torna-se uma poderosa ferramenta para o uso e o desenvolvimento da inteligência humana.

Para aprofundar nossa compreensão deste processo, procurarei definir o que entendemos por texto no âmbito da Literatura e da Linguística. Para tanto, utilizarei as ideias, algumas publicadas, outras registradas durante palestras, de Ana Teberosky.

Um texto é, independentemente de sua extensão, uma unidade de produção linguística em um ato real de enunciação, de fala ou de escrita. A menor unidade do texto é o próprio texto, na íntegra, uma vez que o texto – como um tecido – tem uma estrutura que não pode ser reduzida a frases ou palavras. Um texto – entrelaçamento de palavras – é sempre uma rede de significações, que, sendo recortada, rompida em pedaços, em trechos menores, deixa de fazer sentido. Isto é, frases ou palavras descontextualizadas não produzem significados e, portanto, não podem ser considerados como textos.

O texto é o registro verbal de um ato comunicativo ou uma unidade de produção de discurso; não pressupõe a modalidade falada ou escrita, mas pressupõe:

- caráter comunicativo como atividade real;
- caráter pragmático em relação à intenção do produtor.

Assim, um texto é um ato íntegro de enunciação, oral ou escrita, uma tentativa bem-sucedida de alguém (o escritor) de comunicar algo para outras pessoas de acordo com alguma intenção prática. Assim, entende-se por texto qualquer passagem falada ou escrita que constitui um todo significativo, independente de sua extensão: não importa se é curto ou longo, importa ler se comunica algo, de que forma e com que finalidade.

Pessoas que leem um mesmo texto participam de uma história, de um enredo de ideias, sensações, sentimentos, descrições de lugares. Essas pessoas então participam de um contexto, ou seja, de uma rede de significados. Por exemplo, as pessoas que leram o livro *Paratii, entre dois pólos* do navegador solitário e escritor Amyr Klink, fizeram com ele uma grande viagem ao Polo Sul, na Antártica – onde ele permaneceu (intencionalmente!) preso no gelo durante os meses de inverno – e depois ao Polo Norte, retornando a Parati, no litoral norte de São Paulo, de onde Amyr havia saído. Logo no início do livro Amyr nos conta que aportou seu barco, fez um reconhecimento do porto seguro: tempo suficiente para que o barco se cobrisse de flocos de neve. Com a luz oblíqua estes flocos tornaram-se luminosos, iridescentes, delicadas mandalas. Amyr quis então fotografá-las, mas a máquina fotográfica estava sob o banco, e sobre ele pilhas de livros, roupas, equipamentos, de tal modo que ele disse a si próprio: vou ficar aqui oito meses, tempo demais haverá para fotografar as partículas de neve. Entretanto, o fenômeno luminoso nunca mais se repetiu! E Amyr nos adverte: quando algo te mobiliza, aja imediatamente para expressá-lo. Um dos efeitos maravilhosos da leitura é que podemos viajar sem sair do lugar, uma vez que os livros são, de acordo com Jorge Luis Borges, extensões da memória e da imaginação[28].

Os textos constituem redes de sentidos que geram contextos, entendendo contextos como espaços mentais que afetam as pessoas. Por contextos entendemos então estes lugares estendidos de nossa imaginação, imagens, caminhos, sentimentos que para nós se tornam possíveis quando interagimos com os aspectos literários e linguísticos de um texto em língua portuguesa.

---

28. Viajando com seu pai Amyr e sua mãe Marina, as irmãs Klink Tamara, Laura e Marininha escreveram um livro: *Férias na Antártica*, com suas anotações, desenhos e histórias. Neste vídeo, http://www.irmasklink.com.br/#/portfolio/entrelinhas/ o pai nos dá o contexto literário de onde se originaram viagens e livros.

Ser alfabetizado supõe compartilhar esses espaços mentais construídos por intermédio de objetos culturais, que por sua vez criam seu próprio mundo de esquemas cognitivos. Portanto, ser alfabetizado significa constituir contextos a partir de textos[29].

Para realizar um texto em leitura ou escrita é preciso considerar o contexto em que foi produzido, a quem se destina, que relação tem com outros textos, o que nos informa. Estes são aspectos do texto que dizem respeito a fatores de uso corrente envolvidos no processo de comunicação social. Outros fatores muito importantes são a coesão e a coerência. A coerência é a responsável pela harmonia do texto, é a unidade do texto. Em um texto coerente todas as partes se encaixam de maneira complementar, não havendo nada ilógico, contraditório nem desconexo. Dá-se o nome de coesão à conexão interna entre os vários enunciados presentes no texto. Esta conexão é resultante das relações de sentido existentes entre os elementos do enunciado. As relações de sentido se manifestam através de certas categorias de palavras denominadas conectivos ou elementos de coesão.

---

29. As definições de texto e contexto foram retiradas do trabalho de Ana Teberosky *El lenguaje escrito y la alfabetización*. Ana Teberosky é professora no Departamento de Psicologia Evolutiva e da Educação, na Faculdade de Psicologia, Universidade de Barcelona. Suas importantes contribuições para o trabalho com língua escrita estão publicadas, no Brasil, nos livros *Psicopedagogia da linguagem escrita* e *Reflexões sobre o ensino da leitura e da escrita*, este último em colaboração com Beatriz Cardoso, além do já citado livro *A psicogênese da língua escrita*, este em parceria com Emília Ferreiro [N.A.].

```
EU AMO E SAFAMILIA MAISEU SONUGOST
O QVOCISFIQNBRIGDO EU BEATRIZ
ESTOU QOUVOQADOU MARENIAU
PARA DIAMF D TUIO EN TAUESIS
O

        ASINADO BEATRIZ
```

EU AMO ESSA FAMÍLIA MAS EU NÃO GOSTO QUE
VOCÊS FIQUEM BRIGANDO EU BEATRIZ
ESTOU CONVOCANDO UMA REUNIÃO
PARA DIA 17 DE JUNHO ENTÃO É ISSO
ASSINADO BEATRIZ

Carta escrita por Beatriz Casarini, 6; 4 anos de idade (Hugo Casarini).

Toda narração de um texto implica dois aspectos:

• semântico (conteúdo);

• formal (linguístico).

O conteúdo, assim como um roteiro de um filme, implica sempre elementos que podem ser imaginados como hierarquizados segundo um encadeamento de relações lógicas, com relações causais entre os eventos:

1) Introdução

2) Conflito

3) Desenvolvimento do conflito

4) Reações internas dos personagens

5) Desenlace

6) Final

O CACHORRO MERGULHOU DE PÉ DE PATO MÁSCARA DE MERGULHO E TUBO DE RESPIRAÇÃO E PULOU NO TRAMPOLIM E SAIU NADANDO NA PISCINA

Trecho do conto "O cachorro" de Paula Pessoa Hanitzsch, para o livro *Contos inventados*, da classe de pré-escola de 1990. São Paulo, Escola da Vila (Rita Kohl).

Já o aspecto linguístico trata da superfície do conteúdo, de sua realização em palavras[30].

Claro está que forma e conteúdo, literatura e linguística são aspectos indissociáveis. Apenas para efeito de análise podemos agora, uma vez definido o que entendemos por texto, alinhar características internas da Literatura e da Linguís-

---

30. Estes itens correspondem a anotações minhas de uma palestra realizada por Ana Teberosky na Escola da Vila, em São Paulo, 1990 [N.A.].

tica. Em Literatura estudaremos com as crianças pequenas os gêneros e estilos literários (contos, crônicas, poesias, canções, parlendas, notícias etc.), analisando a sua estrutura e coerência textual. Na investigação destas, estudaremos com as crianças se as histórias, poesias, notícias etc. têm começo, meio e fim, o modo como os personagens são introduzidos, as diferenças entre descrições e diálogos, os diferentes destinatários e estilos de cada texto, e assim por diante.

Em Linguística estudaremos as questões gramaticais, morfológicas, léxicas e sintáticas do texto, isto é, o seu modo de construção interna.

Eva (6; 9). *Feitiços para que chova em São Paulo, devido à falta d'água*, out./2014.

UM PUNHADO DE LÁGRIMAS DE FADA
BOTÕES DE CAPA DE CHUVA
USE UM GUARDA-CHUVA PARA
MEXER TUDO E CANTE A CANÇÃO
(Monique Deheinzelin)

Na série *Grandes diálogos* (2013)[31] Emilia Ferreiro nos esclarece como é preciso considerar simultaneamente alfabetização e letramento em situações reais de aprendizagem da leitura e da escrita. Para isto é preciso colocar-se no lugar da criança e de sua possibilidade de reflexão para lidar com um objeto social de conhecimento. É preciso ainda considerar que a escrita não se reduz a um código, não é apenas um instrumento de registro, mas uma maneira de representar a tradição oral que pode ser compartilhada. Deste modo, introduzir a criança à cultura escrita é converter dificuldades em vantagens, a partir da diversidade de pessoas, línguas, culturas e sistemas de escritura.

Uma reflexão metalinguística

Eva (6; 4) pergunta: Tite, presente é uma coisa que está acontecendo agora ou que ainda vai acontecer?

Respondo que o presente é agora, quando estou deitada no chão contando histórias para você dormir sossegada.

Eva replica: É, mas se você me der um presente, pode ser depois; lembra daquela caixa de música que você me deu no Natal?

Digo, puxa você se lembra tão bem, e ainda não tinha um ano de idade!

E ela: foi um presente que já aconteceu, não é de agora.

$\longrightarrow$

---

31. Disponível no site da Revista *Nova Escola*, Fundação Victor Civita [revista escola.abril.com.br/emilia-ferreiro/ [Acesso em jul./2014].

No dia seguinte, caminhamos pela rua; um furgão de uma dedetizadora traz na carroceria branca imagens de insetos ampliadas no microscópio.

Eva: Que monstros! Que isso, Tite?

Insetos gigantes, tipo uma pulga vista no microscópio, respondo.

E ela, depois de um silêncio: Tipo sanguessuga; para que servem as palavras? Sanguessuga, chupa sangue mesmo – sangue suga.

E continua – mas se não tivesse as palavras eu ia dizer para você: Tite, está vendo aquela coisa ali? E você ia dizer – que coisa? E eu tinha que ter sempre um caderno e lápis pra desenhar que coisa é aquela. Palavra faz falta, a gente diz o nome dela e todo mundo fica sabendo o que é.

As melhores formas de introdução à cultura escrita podem ocorrer quando um adulto lê para as crianças, e assim demonstra afeto ao livro e aos pequenos ouvintes. Pois a leitura, afirma Emilia Ferreiro, é como um abraço afetuoso em que damos acesso ao mistério, recebidas em silêncio palavras que nunca antes havíamos escutado. Para as crianças, segue refletindo Emilia, que classe de poder tem estas marcas que parecem formigas, para suscitar no adulto uma voz muito especial, de tal modo que o que se diz não parece em nada com nossa conversação cotidiana?[32]

---

32. A entrevista realizada pela Revista *Nova Escola* com a Profa. Dra. Emilia Ferreiro, onde ela aborda estas e outras questões, está disponível online.

Ainda de acordo com a participação decisiva de Emilia Ferreiro no diálogo sobre questões da leitura e da escrita, um dos elementos didáticos mais importantes na Educação Infantil é a biblioteca na sala de aula. Não apenas a biblioteca escolar, necessária e fundamental, mas os livros que compõem o acervo na classe daquele grupo de crianças, que contribuem para que as crianças ingressem onde a escrita se realiza, e sobre eles exerçam sua reflexão.

Eva (5; 3). *O dragão na caverna do medo e a fada do esporte* (Monique Deheinzelin).

A alfabetização é apenas um dos itens dos problemas da linguística, tendo até o momento ocupado um lugar excessi-

---

"Leitura e escrita na Educação Infantil": http://www.youtube.com/watch?v=0YY7D5p97w4 • "Cisão entre alfabetização e letramento": http://www.youtube.com/watch?v=WF5S9Ic4nmY [Acesso em jul./2014].

vamente grande nos programas de Educação Infantil, com um viés preparatório à escolaridade subsequente. Como veremos a seguir, além de garantir na Educação Infantil que as crianças se alfabetizem, isto é, compreendam para que serve a escrita (para anotar, para lembrar) e qual é o seu modo de construção interna (escrever o que quisermos com apenas 24 letras), daremos a elas a oportunidade de serem competentes leitores e escritores, usufruindo de toda riqueza da língua portuguesa.

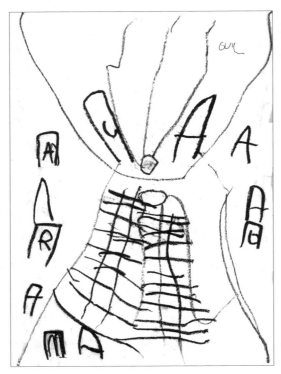

Gui (4; 8). *Letras no pré-esquema* (Guilherme Passos Maeda).

1.2 Objetivos de ensino e de aprendizagem

Envolver as crianças em práticas de leitura e de escrita.

O objetivo central de ensino e de aprendizagem é que as crianças sejam leitores e escritores competentes. Conforme discutimos no capítulo anterior, isso se dará não a partir da estrita alfabetização, baseada em letras e palavras isoladas, mas sim da alfabetização que se realiza em ambientes de letramento, partindo da experiência da língua como um todo e da produção de textos. Será então a partir dessa experiência como autores e leitores que se dará a aquisição da base alfabética.

Quanto às questões da conquista desta base, em breves linhas extraídas das ideias contidas no livro *A psicogênese da língua escrita* de Emilia Ferreiro e Ana Teberosky, são as seguintes as concepções espontâneas que as crianças de três a seis anos, mais ou menos, elaboram ao refletirem sobre a escrita convencional:

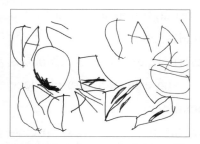 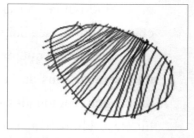

Davi (3; 2). *Letras e pseudoletras*. Observe-se no desenho à direita, a proficiência de Davi em preencher o círculo com traços, demonstrando assim que a escrita das letras não depende apenas de domínio motor (Lígia Rezende Schmitt).

- Uma figura não é para ler, embora possa ser interpretada.
- Para que se possa ler, são necessárias outras marcas, diferentes das figuras.
- Para poder escrever, a criança inventa suas próprias letras.
- As crianças consideram que as palavras servem para dizer os nomes das coisas.
- Observando o canto, a sonoridade da fala e o canto da escrita quando lida, as crianças buscam compreender as relações entre fala e escrita.
- Acreditam num primeiro momento (hipótese silábica) que basta escrever uma letra para cada emissão sonora.
- Como a hipótese silábica entra em conflito, não apenas com a escrita alfabética, convencional, como também com o critério de quantidade e variação mínima (as crianças acham que palavras escritas com poucas letras – menos que três – ou com muitas letras repetidas não podem ser lidas), as crianças enxertam letras, produzindo uma escrita híbrida, um arranjo transitório chamado hipótese silábica alfabética.
- Compreendendo que na escritura as letras combinadas representam sons da fala, e que esta escritura obedece regras convencionadas socialmente, a criança atingiu a hipótese alfabética, isto é, alfabetizou-se. Compreendeu, após um longo, trabalhoso e complexo processo de reflexão, para que serve, qual o modo de construção, e como funciona a nossa escrita, que hoje em dia é alfa-

bética (nem sempre é assim, como no caso do hebraico e do japonês!).

Toda esta reflexão só é possível quando as atividades de leitura e escrita em Língua Portuguesa ocupam parte das atividades diárias, cotidianas, propostas às crianças intencionalmente pelo professor. Estas atividades devem ser propostas segundo dimensões culturais sempre significativas, relevantes, expressivas como forma de oferecer às crianças um local de acesso democrático ao conhecimento, postura fundamental já discutida na introdução deste projeto.

Alfabetizar-se, portanto, corresponde a compreender para que servem os sinais da escritura (letras, sinais, pontuação, separabilidade) e de que modo eles se articulam no tecido da escrita. É um complexo processo conceitual (e não apenas perceptivo), que, entretanto, é apenas um pequeno aspecto técnico do texto, ligado ao sistema de notação que descreve os fonemas da linguagem, assim como a partitura descreve melodias, ritmos e intensidades das músicas: na escrita utilizam-se as letras do alfabeto e alguns outros sinais, e na partitura as notas da escala musical e alguns outros sinais.

Ainda de acordo com Ana Teberosky, a atividade linguística que a notação da linguagem permite, e que a cultura potencializou, tem consequências. Algumas delas são:

- o texto – produto material da linguagem que se escreve;
- o contexto mental – criação da cultura alfabetizada;
- o poder da palavra escrita – que permite planejar, corrigir, revisar a linguagem, enfim permite a possibilidade de separar a atividade produtora da linguagem de seu resultado.

É nesta perspectiva que distinguimos alfabetização – compreensão da função e do modo de construção interna da escrita –, e letramento – competência linguística e literária na elaboração de textos diversos. O objetivo central de ensino e de aprendizagem é então o letramento e não a alfabetização em sentido estrito, a qual se dá em decorrência da intimidade das crianças com os textos.

1.3 Estratégias de ensino e de aprendizagem

Aprende-se a ler e escrever lendo e escrevendo.

- Atividades de produção e compreensão da língua oral.
- Atividades de reflexão sobre a linguagem oral.
- Atividades de antecipação do significado.
- Atividades de leitura de textos.
- Atividades de composição de textos.
- Atividades de escrita.

Vejamos a seguir, uma a uma, as modalidades de estratégias de ensino e de aprendizagem em Língua Portuguesa. As modalidades organizadas desta maneira foram propostas pela educadora e pesquisadora italiana Cristina Zuchermaglio[33].

---

33. ZUCHERMAGLIO, C. *Um currículo para a alfabetização inicial* [A tradução do original em italiano é nossa]. Cristina Zuchermaglio é professora junto ao Departamento de Psicologia dos Processos de Desenvolvimento e Socialização na Universidade de Roma La Sapienza [N.A.].

a) Atividades de produção e compreensão da língua oral

Incrementar a competência linguística oral da criança é essencial para atender os seguintes objetivos de ensino e de aprendizagem:

- ampliação do vocabulário e do conhecimento enciclopédico;
- conhecimento gramatical e sintático;
- o conhecimento dos registros e funções da língua oral;
- a capacidade de usar uma linguagem descontextualizada.

Nestas atividades as crianças deverão se expressar verbalmente em diversas circunstâncias, como por exemplo inventar ou contar uma história, descrever o trajeto de casa até a escola, inventar um diálogo entre dois irmãos a respeito de determinado assunto, e assim por diante.

b) Atividades de reflexão sobre a linguagem oral

Com estas atividades as crianças podem investigar a linguagem como se ela fosse um objeto opaco, manuseável, que pode ser observado em suas características internas. As crianças poderão levantar, por exemplo, semelhanças e diferenças entre um conto de fadas, uma notícia de jornal e uma poesia, no que se refere a seu estilo literário; poderão investigar as características da poesia e das canções: rimas, ritmos, incidência das tonalidades fortes; poderão fazer recontos a partir de histórias previamente lidas pelo professor, e assim por diante.

c) Atividades de antecipação de significado

Toda leitura implica não apenas processos de discriminação visual das letras, mas sobretudo um processo essencialmente de antecipação de significados, no qual os leitores se baseiam em seu conhecimento do mundo e no seu conhecimento linguístico e utilizam estratégias diferentes de acordo com o tipo de texto, a intenção pela qual lê, o seu conhecimento da história que está lendo etc. Desde que este comportamento está presente na maneira com a qual *crianças ainda não alfabetizadas interagem com os textos escritos*, ele deve ser desenvolvido na escola elementar, enriquecendo o conhecimento enciclopédico e a competência linguística da criança, que são as bases que lhe permitem fazer inferências eficazes sobre o significado dos textos e portanto de ler no sentido adequado, isto é, compreendendo. O objetivo deverá ser aquele de criar na criança a expectativa – não natural – de que tudo aquilo que está escrito deve ter um significado e que ler é, em todos os níveis, a atividade de descobrir e compreender este significado.

Exemplos destas atividades são a leitura de embalagens, cartazes e propagandas, a colocação do título na história correspondente, a antecipação de significados na "leitura" de histórias em quadrinhos etc.

d) Atividades de leitura de textos

É essencial que a criança possa entrar em contato com diversos tipos de textos (fábulas, contos, cartas, bilhetes, notícias, poesias etc.) e com as diferentes funções a eles associadas, mediadas pela leitura do professor. De fato, é escutando língua escrita lida em voz alta que as crianças podem desenvolver a ideia de que a linguagem falada e a escrita não são a mesma coisa.

Além da leitura mediada pelo professor (decifrando o código alfabético e dando em voz alta suas entonações), as crianças podem realizar atos de leitura antes de estarem alfabetizadas; por exemplo, podem saber de cor a letra de uma canção da música popular brasileira, receber da professora a letra da canção impressa no papel e ir lendo a letra por escrito enquanto cantam a canção; ou ainda fazer um caça-palavra em um versinho conhecido de cabeça, como veremos no próximo capítulo.

e) Atividades de composição de textos

Estas atividades, nas quais se separa o problema da composição de um texto escrito do problema da sua notação, respondem em parte aos mesmos objetivos da atividade precedente. Em verdade, são realizadas para que as crianças tenham consciência das diferenças entre linguagem oral e linguagem escrita, nas quais a segunda não é uma mera transcrição da primeira. Esta delicada – e para muitas crianças dificílima – passagem de um registro oral para um escrito pode encontrar uma situação de aprendizagem ideal e progressiva na interação entre criança que dita e professor que escreve o texto ditado.

f) Atividades de escrita

O papel fundamental de intencionalidade educativa que a escola de Educação Infantil deve assumir é aquele que deriva da constatação que as crianças que a frequentam já escrevem.

"Escrevem" outra escrita, construída diferentemente da nossa, mas enquanto intenção comunicativa escrevem como nós. Não nos alongaremos aqui sobre a realidade e sistematização, coerência e segurança destes sistemas escritos: a gênese das escritas das crianças encontra-se no já citado livro de Emilia Ferreiro e Ana Teberosky, obra de fundamental importância para os professores alfabetizadores. Apenas mencionaremos o que pode ser feito para que as crianças cheguem ao Ensino Fundamental menos dramaticamente heterogêneas – com relação à ideia e aos modos de construção da escrita – do que chegam agora. Em primeiro lugar, é necessário que o professor aceite os modos em que as crianças escrevem: é fundamental que não se coloque como único depositário da língua escrita na classe, porque a escrita de cada criança *é escrita* e como tal deve ser respeitada e valorizada; em segundo lugar, o professor precisa intervir pedagogicamente na produção espontânea da criança, propondo atividades em atos reais de escrita como, por exemplo, a escrita de nomes, a escrita de títulos de histórias ou notícias conhecidas de antemão, a rescrita de uma história previamente lida para as crianças, a escrita de poemas, a escrita de notícias, e assim por diante.

A escrita coloca sempre a presença de um leitor, na medida em que se escreve para que outras pessoas leiam: há, portanto, uma interlocução, onde o texto prevê uma interação entre escritor e leitor. Assim, quem escreve deve poder colocar-se também no papel de leitor, em situação de alteridade na correção do texto. Para as crianças é muito difícil colocar-se nesta situação de alternância entre os papéis de escritor e de leitor; para facilitar seu livre-trânsito é que trabalhamos com atividades de reescrita, provendo as crianças de recursos para modificar o texto a partir de parâmetros conhecidos.

O triângulo aluno – parâmetro textual (i. é, um texto adequado e significativo para os alunos) – professor fornece aberturas para o aprendizado da escrita.

As escolhas de atividades pressupõem uma contínua e dinâmica interação entre as intenções de aprendizagem dos alunos e as intenções de ensino do professor. Ensinar – aqui, propiciar o letramento e a alfabetização – consiste nesta dança entre os dois sujeitos, na qual o objeto de conhecimento, neste caso a língua portuguesa, constitui um terceiro vértice que fornece o lastro cultural para as interações, algo assim como o cenário para a dança entre professor e estudante.

A riqueza das diferentes interlocuções – entre as contribuições das crianças, aquelas dos professores e as nuanças de nossa cultura – constitui a qualidade dos serviços educacionais prestados pela Educação Infantil à comunidade.

1.4 Instrumentos do professor

Salve o compositor popular!

- Contos, histórias, canções, notícias de jornal, lendas, parlendas, poesias.
- Repertório de atividades.

No caso das atividades ligadas ao ensino e à aprendizagem da Língua Portuguesa, sem querer de modo algum descartar as demais modalidades de texto, direi que os professores podem encontrar na música popular brasileira seu instrumento didático mais significativo e potente. Isto é especialmente verdadeiro em se tratando da Bahia, de onde brota boa parte do maravilhoso cancioneiro brasileiro: canções de Dorival Caymmi, Caetano Veloso e Gilberto Gil estão sempre presentes em nossos corações. Cada um de nós tem suas preferências musicais e deve trazê-las para perto das crianças nas modalidades de estratégias de ensino e de aprendizagem alinhadas acima.

A música popular brasileira tem ultrapassado os limites entre popular e erudito, como bem atesta um dos maiores poetas de nossa língua, João Cabral de Melo Neto, ao indagar: "Não estaria o verdadeiro lirismo de nosso tempo no que se chama canção popular? A necessidade natural que o ser humano sente de lirismo não estaria hoje sendo atendida por esta soma incalculável de obras, incomparavelmente mais numerosas do que qualquer gênero literário?"[34]

Na tentativa de expor ao leitor como a organização e a observação do professor combinam-se com a avaliação e o planejamento, possibilitando as suas intervenções pedagógicas, descreveremos um exemplo de atividade, vinculada à música e à literatura brasileira, onde se utiliza *O leãozinho*,

---

34. Em entrevista ao Jornal *Folha de S. Paulo*, 02/09/1992.

de Caetano Veloso. Transcrevemos a seguir a letra da canção, desejando que os leitores conheçam sua melodia[35].

O leãozinho

Caetano Veloso

Gosto muito de te ver, leãozinho

Caminhando sob o sol

Gosto muito de você, leãozinho

Para desentristecer, leãozinho

O meu coração tão só

Basta eu encontrar você no caminho

Um filhote de leão, raio da manhã

Arrastando meu olhar como um ímã

O meu coração é o sol pai de toda cor

Quando ele lhe doura a pele ao léu

Gosto de te ver ao sol, leãozinho

De te ver entrar no mar

Tua pele, tua luz, tua juba

Gosto de ficar ao sol, leãozinho

De molhar minha juba

De estar perto de você e entrar numa

---

35. Letra extraída do *Songbook Caetano Veloso*, de Almir Chediak, p. 68. Assim como este, outros *Songbooks* têm sido produzidos pela editora, como os de Gilberto Gil, Tom Jobim, Jorge Ben, e Bossa Nova. As publicações contêm partituras e letras, constituindo-se em valioso instrumento de trabalho para os professores.

O primeiro passo desta atividade é garantir que todas as crianças saibam a letra da canção escolhida, *O leãozinho*, de cor, de memória, ou como dizem os ingleses e americanos *by heart*, isto é, pelo coração. O instrumento de organização privilegiado para combinar e realizar previamente uma atividade é a roda.

Em muitas culturas encontramos rituais em que as pessoas sentam-se em círculo, como, por exemplo, em cerimônias indígenas, ou nas reuniões dos cavaleiros da távola (mesa, em italiano) redonda, na corte do Rei Artur. A roda permite que todos sentados em círculo se vejam, ao mesmo tempo em que compartilham de algo que está ocorrendo no centro dela.

Em nosso caso, o que está ocorrendo no centro da roda é que professor e alunos ouvem (se estiver disponível uma gravação) e cantam *O leãozinho* até que todos a saibam de cor.

Em seguida, cada criança recebe em mãos uma cópia da letra da canção. Enquanto cantam, passam os dedinhos em cada linha desta letra, procurando fazer relações entre o modo como as palavras soam e o modo como estão escritas.

A seguir, o professor pode propor às crianças um jogo de caça-palavras, onde elas deverão encontrar no texto palavras sugeridas, como por exemplo, "onde está escrito filhote?" Após ter praticado um pouco com as crianças, o professor poderá propor brincadeiras ainda mais intrigantes, perguntando sobre a localização de palavras que não estão no texto, mas que poderiam estar, do ponto de vista semântico, isto é, do sentido da canção. Por exemplo, poderá perguntar onde está escrito tarde, ou andando, ou qualquer outra palavra que combine com o teor da canção, mas que não está em sua letra. Difícil procurar, por indícios, o que não pode ser encontrado! Que coisas podem ser observadas e avaliadas pelo professor? Estamos tratando com crianças que em sua maioria não estão alfabetizadas. Estamos propondo a elas atividades de leitura, sem que elas saibam ler = decifrar o código alfabético, mas sabendo que elas sabem ler = antecipar o significado do texto.

Lucas (3; 2). *Representação gráfica que interpreta a consigna da professora* "Desenhe um chinês indo para o circo". Observe-se as relações topológicas e a ênfase (traços cheios) na necessidade de fechar os coordenadores de envolvimento da figura do chinês (Lígia Rezende Schmitt).

Conforme já discutimos, ler em sentido pleno é muito mais antecipar significados do que decifrar o código alfabético, e a prova disto é que no Brasil, infelizmente, muitas pessoas que foram treinadas pelos métodos tradicionais de alfabetização – como, por exemplo, a cartilha – soletram as palavras, mas não são capazes de compreender o que estão lendo.

Então o professor irá observar quais as estratégias de leitura que as crianças utilizam. Neste caso, conhecem a letra de memória e muitas vezes se guiam pela incidência rítmica da canção para iniciar uma nova linha. Como a palavra leãozinho aparece repetidas vezes, ela tende a ser rapidamente reconhecida e passa a funcionar como um localizador, ou como uma palavra estável que fornece informações para leitura de outras. Utilizando os seus conhecimentos prévios – nomes próprios ou outras palavras já estabilizadas, as crianças vão descobrindo a escrita de mais outras, tendo a letra da canção decorada como parâmetro textual.

Ao tentar descobrir onde está escrita tal palavra, ou ainda descobrir com o caça-palavras que uma delas simplesmente não está no texto, a criança está envolvida em uma situação de leitura significativa, onde ela relaciona o que já sabe às informações novas que o texto lhe fornece.

Em uma atividade desta natureza, as crianças pequenas, de três, quatro anos, terão surpresa em ver que existe uma relação entre o que se fala e o que se escreve, fato que para elas não é nenhum pouco aceitável, na medida em que acham que os nomes e as palavras são extensões dos objetos aos quais se referem. As crianças maiores, de cinco, seis, sete anos, terão oportunidade de investigar mais de perto o modo de construção de nossa escrita, isto é, quais, quantas e de que modo estão combinadas as letras. É, portanto, uma atividade propiciatória do processo de alfabetização para crianças de qualquer idade.

Para as crianças maiores, a atividade poderá continuar em um trabalho de escritura onde elas escrevem em uma folha de papel a letra da canção. Escreverão uma escrita espontânea, isto é, uma escrita que corresponde às suas hipóteses e concepções, e não uma escrita convencional, isto é, a nossa escrita alfabética ortograficamente correta.

Entretanto devemos sempre estar atentos para um aspecto extremamente importante: embora as escritas espontâneas das crianças não sejam certas – tomando-se como parâmetro a escrita convencionada socialmente, ela é sempre fruto de uma reflexão original da criança sobre a escrita convencional e neste sentido é composta de erros construtivos, ou seja, de passagens necessárias para a elaboração final que coincide com a escrita alfabética.

A criança não escreve qualquer coisa, ela escreve aquilo que corresponde em cada instante ao seu pensamento sobre a nossa escrita. Por isso o ambiente da sala de aula deve ser alfabetizador, dentro de uma perspectiva mais ampla de letramento: para que a criança tenha elementos sobre os quais refletir, pois como observaram muito bem Emilia Ferreiro e Ana Teberosky, a criança não pode pensar sobre um objeto ausente, sobre coisas que simplesmente nunca foram apresentadas a elas.

Uma escrita para o verso *Volta e meia vamos dar*

Vou falar dos observáveis do meu jeito, porque não há tempo de rastrear na bibliografia (basicamente, em PIAGET & ROLANDO GARCIA, *Psicogênese e história das ciências*), dando as citações corretas.

Então, a ideia central é que, na perspectiva piagetiana, nenhum conhecimento existe isolado, e sim depende de condições prévias, ou melhor dizendo, de conhecimentos prévios combinados em relações, ou operações cognitivas que tornam visível aquilo que, embora constituindo uma realidade interpretável, só é compreensível para mim, isto é, visível ou observável, se eu sobre esta realidade ajo mentalmente: penso.

Nesta perspectiva, o conhecimento sobre os objetos – a existência deles – não está nem apenas no objeto, nem apenas em nós, mas na simultaneidade entre o nosso olhar e as características do objeto: a um só tempo nos dois, como que no meio do caminho entre nós e o mundo.

Vamos agora pensar que este "meio do caminho" se situa em um *campo de inteligibilidade*, que é composto como que por forças que interagem. Estas "forças" (análogas àquelas de um campo gravitacional) são por sua vez compostas das estruturas operatórias da pessoa em cada instante (como eu sou, o quê e como eu penso), e das estruturas internas dos objetos de conhecimento. Os campos de inteligibilidade tornam para nós *possível* – esta palavra é importante – com-

→

preender as coisas. Entretanto a nossa compreensão é sempre menor – está incluída – nos campos de inteligibilidade que nos ultrapassam; podemos estar mergulhados neles, mas eles são mais abrangentes que a nossa capacidade de compreensão em cada instante.

Participei de um bom exemplo: duas crianças, de cinco anos de idade, estavam produzindo um texto sobre letra de canção. Quando cheguei perto deles o Ricardo ditava para Ana Letícia: "Ciranda, cirandinha..." Só que ele não sabia a letra, ditava tudo embananado, e a Ana Letícia tinha escrito:

A Q E A Q A Q E T C A I N A C I S B, que ela leu para mim passando o dedo em tudo inteiro:

"Ciranda que ciranda cirandar..." Aí eu ditei para ela: "Volta e meia vamos dar", e ela escreveu: V A O I 6, e aí me perguntou e já se respondeu – "E o vamos? Ah, eu sei, o VÃ é igual a Wânia" (nome da professora). Foi à professora e perguntou: "Como escreve seu nome?" E a Wânia respondeu – "É com dábliu, mas pode escrever com V, V e A". Ana Letícia voltou para o papel e escreveu: V A O I 6 V A O aí parou e disse "e o *DAR*?", e na mesma hora, falou: "já sei, o W serve! (informação recente que tornou *observável* uma escrita para *dar* – *DÁ* bliu!). E aí, satisfeitíssima, acabou de escrever:

VAO I 6   VAO W

Volta i meia vamos dá

que é uma produção nada menos que genial!

→

Então vejamos:

A produção da Ana é uma reflexão dela sobre as características da língua portuguesa para escrever "Volta e meia vamos dar"; estas características e a *potencialidade* do pensamento da Ana ultrapassam o que ela produziu naquele momento, que entretanto é o melhor – mais inteligente –, que ela pôde produzir. Daí não ser um erro e sim um *observável*, ou um erro construtivo.

As consequências disso são terríveis e maravilhosas, pelo menos duas:

1ª) A distinção entre olhar e *ver*

entre saber e *compreender*

entre acumular informações preconcebidas e *pensar* sobre elas;

entre verdade e *conhecimento*

(os sublinhados são os existentes no construtivismo, os que nos interessam);

2ª) Isto tudo é radicalmente oposto do perceber, ou identificar, ou memorizar dados preexistentes, que é a característica do empirismo que embasa toda a educação tradicional.

Chegamos então nas consequências pedagógicas, a partir dos seguintes fatos:

1º) As estruturas operatórias (o cacife de Ana para o jogo – o seu jeito de pensar) *não são ensináveis*: nós educadores não temos como socializá-los, isto é, ensiná-los, porque

→

eles são frutos da ação mental do sujeito. São, portanto, individuais, de foro íntimo;

2º) As estruturas internas dos objetos de conhecimento — suas normas, regras, convenções, leis, usos e funções sociais, história, representações nos diversos povos e culturas — *só são ensináveis*: se não forem transmitidos de geração para geração, socialmente, culturalmente, *não têm como ser aprendidas* (não são espontaneamente inventadas pelo sujeito).

Entretanto, a transmissão (por um educador) do conhecimento não garante:

aprendizagem = conhecimento = compreensão = ver = ser ou se tornar observável, porque o conhecimento só se atualiza em possíveis, isto é, torna-se efetivamente disponível para cada um de nós, mediante a nossa ação mental sobre eles. Sendo assim, a escola precisa garantir:

1) Que todo mundo tenha acesso (por isso democrático) a toda e qualquer tradição cultural, porque nelas estão contidas as normas, leis, pertinências — as estruturas internas dos objetos de conhecimento *significados socialmente*.

2) Que todo mundo possa (por intermédio de atividades especialmente concebidas e planejadas e avaliadas para este fim) transformá-las poeticamente, isto é, torná-las um patrimônio seu = aprendê-las ou compreendê-las para si = torná-las observáveis = atualizá-las em possíveis.

Voltando ao nosso exemplo, o que o Ricardo não deu para Ana Letícia — por não saber de cor a letra da canção —

→

foram as *informações estruturantes* – no caso, o que ela deveria escrever. Quando eu fiz isto, a produção dela avançou muitíssimo e é óbvio que ela não pensou melhor (ficou mais inteligente) de uma hora para outra.

Conclusão importante: Muito da função do educador é dar informações estruturantes às crianças, que é o mesmo que ser um tradutor e intérprete da cultura, isto é, torná-la *observável* para as crianças ao incluí-las em seus campos de inteligibilidade.

Esse assunto é fascinante, maravilhoso, não é verdade? E fundamental para a educação, muito mais do que partir (e só ficar...) na própria realidade.

MONIQUE DEHEINZELIN. *Fax para Projeto Axé*, 1997.

Ainda mais um passo no gênero de atividade que aqui estou utilizando como exemplo: solicitar que as crianças, individualmente, leiam para o professor a sua produção escrita. Dado o cansativo desta situação, a Profa. Teca Soub, na Escola da Vila, em São Paulo, dizia para seus alunos: "Vamos, pessoal, olha a fila do INPS!" Porque, realmente, trinta crianças, uma de cada vez, lendo para a professora o que escreveram, põem em risco a paciência de qualquer um. Qual então a vantagem deste procedimento? É que, quando as crianças leem o que escreveram, avançam muito em seus processos de leitura e escrita. Por exemplo, uma criança pode ter escrito uma palavra de cinco letras com uma porção delas, e na hora da leitura optar por apenas duas, riscando as demais.

Uma escrita para Tigre

Na hora do recreio Carlinhos, com cinco anos de idade, está sozinho diante do quadro-negro. Quando entro para pegar brinquedos, ele, que tinha escrito I I, lê seguidamente TI GRI, TI GRI. E, ainda em voz alta, para si mesmo – mas só isso? E tudo igual?

Um i para cada sílaba de ti gri era satisfatório para ele e corresponde ao que conhecemos como hipótese silábica; entretanto Carlinhos sabia, ou supunha, que uma palavra tem que ter muitas letras, sem muitas repetições; assim, palavras como "eu" e "urubu" não são consideradas legíveis para muitas crianças desta idade. Então, a contragosto, para não ter só o I e outro I, Carlinhos introduziu letras do próprio nome, aumentando e diversificando a sua escrita, antes coerente. Obteve algo como C L I H I O S, e muito contrariado, saiu para o recreio. Eu não fiz nada – acho que ele nem se deu conta de minha presença na sala; apenas considerei: é preciso ser corajoso para se aventurar na hipótese silábico-alfabética.

MONIQUE DEHEINZELIN. Escola da Vila, 1987.

Uma porção de letras colocadas aleatoriamente corresponde a uma escrita pré-silábica, de acordo com a nomenclatura adotada por Emilia Ferreiro e Ana Teberosky em seu tantas vezes citado livro *A psicogênese da língua escrita*. Ainda de acordo com estas autoras, uma letra para cada sílaba, ou para cada emissão sonora, corresponde à hipótese silábica. A gunda é mais avançada que a primeira, de modo que, ao ler seu próprio texto a criança deu um salto qualitativo.

Em todas estas circunstâncias, a professora vai observar e avaliar os processos internos de alfabetização e de letramento, ela vai procurar investigar como cada uma das "caixas-pretas" a que nos referimos no nível psicológico do marco curricular interage com as características internas deste objeto de conhecimento que é a língua portuguesa. Por isso se diz que devemos avaliar processos e não apenas o certo e o errado dos produtos finais.

Além disto, a língua portuguesa é um todo e não faz sentido ministrá-la às crianças em pequenos pedacinhos – do que acreditamos ser o mais fácil ao mais difícil. Como será mostrado pela observação e avaliação do professor, nem sempre os nossos critérios de fácil e difícil coincidem com aqueles das crianças.

Assim, não utilizamos na Educação Infantil conteúdos mínimos e máximos, razão pela qual nesta proposta curricular os objetos de conhecimento não aparecem segmentados, com indicações de atividades distintas para cada faixa etária. Trabalhamos sempre com os mesmos conteúdos, que vão sendo aprofundados – como uma espiral que fosse sempre se ampliando e dirigindo-se ao centro das coisas.

A intervenção pedagógica do professor consiste em registrar sempre suas observações e avaliações, para que, baseado nelas, possa planejar o que vai propor como atividades às crianças. Consiste ainda em todas as pequenas e grandes decisões que o professor toma a cada instante, e que não têm como ser predeterminadas por alguém que esteja fora da situação imediata da sala de aula. São elas: as perguntas e as respostas, a maneira de se dirigir a cada aluno, a duração de cada atividade, o ritmo de trabalho conjunto, enfim, a direção para a qual apontam as interações entre professor e alunos.

2 Matemática

Tudo certo como dois e dois são cinco.

Pode parecer estranho ao leitor assumir a intencionalidade de ensino e de aprendizagem da Matemática para crianças pequenas. Entretanto, argumentos poderosos apontam na direção deste caminho, intrigante e brincalhão, por envolver a agilidade do pensamento.

O primeiro argumento é que as crianças já fazem matemática, com independência da escola ou dos adultos: contam pedrinhas, conchas ou balas; contam quantas bolas de gude possuem ou quantos pontos fizeram no jogo e, levados à situação de comerciantes – devido à injustiça social em que ainda se encontra parcela da população de crianças do país – fazem cálculos complicados de custos e trocos.

O segundo argumento é que uma parte das atividades atualmente propostas às crianças na Educação Infantil já são de alguma maneira relacionadas com a matemática. No entanto, ela está subjacente, escondida embaixo de uma avalanche de procedimentos de origem empirista, por intermédio dos quais se tenta treinar as crianças a dar respostas tidas como corretas e não a fazê-las compreender a natureza das ações

...máticas. Exemplos destas atividades são encontrados quando se estimula a criança a explorar o material concreto, fazendo supostas relações entre as quantidades contadas. Digo supostas, porque as tarefas partem do pressuposto que a verdade sobre os objetos está neles mesmos: basta perceber esta verdade usando corretamente os cinco sentidos. Entretanto, relações numéricas são construções lógicas dos homens e não se encontram disponíveis na natureza; não são, portanto, subordináveis a estímulos e explorações e sim subordináveis a ações mentais da inteligência humana. Desde um ponto de vista construtivista, o que chamamos de concreto é o mais abstrato que existe, ao passo que as nossas ideias – o que chamamos de abstrato – é o que existe de concreto, ao menos para nós, seres humanos.

O terceiro argumento é que o conhecimento lógico-matemático está presente em muitas outras propostas de Educação Infantil, onde também estão previstas atividades de classificação, seriação e ordenação subordinadas ao pensamento lógico-matemático. Embora este último não seja exclusividade da aprendizagem matemática – uma vez que qualquer ação reflexiva envolve classificações, ordenações e seriações –, é certo que sua inserção no currículo aproxima-se da tentativa de preparar a criança para o futuro aprendizado da matemática.

Tradicionalmente tida como a mais difícil das disciplinas escolares, a Matemática tem sido considerada difícil de ensinar e difícil de aprender. Procurando construir conhecimentos matemáticos os alunos aparentemente vão bem em Matemática até a terceira série, quando então costumam se revelar nesta disciplina imensas lacunas de ensino e de aprendizagem.

Na tentativa previdente de evitar estas lacunas, alguns projetos de ensino da Matemática centraram seus esforços no treinamento do raciocínio lógico-matemático dos alunos, proporcionando-lhes atividades onde pudessem exercer suas habilidades de classificação, ordenação e seriação. O diagnóstico foi simples: os alunos apenas decoravam as regras matemáticas, porém não conseguiam entendê-las. Dando-se ênfase a atividades que desenvolvessem seu raciocínio, acreditava-se que o problema poderia ser sanado.

A teoria dos conjuntos também foi utilizada em larga escala para facilitar o ensino da Matemática. Não é o momento para discutir o alcance e a eficácia destas tentativas; para nós interessa o fato de que na Educação Infantil estes procedimentos foram e continuam sendo muito utilizados. Não sem razão: se a Educação Infantil é vista como etapa preparatória para que o Ensino Fundamental seja bem-sucedido, ela deve trabalhar no sentido de evitar problemas futuros. A visão preparatória supõe que só podemos compreender algo após cumprirmos certos pré-requisitos. Nesta perspectiva, a alfabetização precede a leitura e a escrita; seriações, ou o conceito de número, precedem a aritmética; conhecer o bairro é necessário para compreender o conceito de cidade e mais tarde de país; é preciso ter a noção de tempo (solicitando às crianças que façam uma linha do tempo, p. ex.) para usar o calendário ou ler as horas em um relógio; ter a noção de equivalência das massas para compreender o princípio de Arquimedes (como as coisas boiam ou afundam), e assim por diante.

. vida humana, entretanto, não é um eterno preparar-se ᴜra momentos futuros; ela antes deve ser um entremeio de possibilidades de se viver com plenitude cada instante. Então a Educação Infantil pode ser um momento da escolaridade justificável em si mesmo. Além disso, deve haver com os demais níveis de ensino e de aprendizagem uma continuidade educativa, o que é muito diferente de uma ideia de preparação.

O princípio que nos faz assumir a continuidade educativa é a visão do conhecimento como uma espécie de espiral ascendente, de modo que os mesmos conteúdos de aprendizagem são elaborados, ampliados, ressignificados ao longo de toda vida. Consideramos esta espiral que caracteriza a continuidade educativa como ascendente, pois estes conteúdos são sempre levados, pela ação do aprendiz, de um patamar menos elevado a um mais abrangente que inclui os anteriores, sendo, portanto, mais elevado. Ao longo de toda a vida escolar os alunos aprendem, entre tantos outros conteúdos, Matemática. Por que não na Educação Infantil?

Contudo, dois aspectos precisam ser mencionados: a transposição da investigação piagetiana sobre as características do conhecimento lógico-matemático para as atividades pedagógicas, e as relações entre o desenvolvimento cognitivo e a aprendizagem dos objetos de conhecimento.

Começarei por estas últimas. O pensamento lógico-matemático é um dos atributos do desenvolvimento cognitivo de cada pessoa; é fruto de construções internas – que se dão na mente de cada um – e que não têm como serem ensinadas ou treinadas. Não é algo ensinável externamente, mas tem que ser construído internamente. Mas apenas pode ser construído se houver objetos externos instigantes sobre os quais as pessoas possam pensar, uma vez que as construções cognitivas, embora internas, não são espontâneas, mas provocadas; não são inatas, mas desenvolvem-se segundo alguns princípios. Já as características internas dos objetos de conhecimento – que são de natureza cultural e social – ou são transmitidas socialmente, isto é, ensinadas, ou se tornam inacessíveis a cada aprendiz.

Não é necessário esperar que haja um desenvolvimento do pensamento lógico-matemático para depois entrar com o ensino da matemática, mesmo porque desde o nível antropológico do marco curricular descartamos todo e qualquer procedimento preparatório. A melhor forma de beneficiar o desenvolvimento cognitivo é colocar as crianças em contato íntimo com as características internas dos objetos de conhecimento. Assim como a leitura e a escrita é que possibilitam a alfabetização e não vice-versa, o livre-trânsito no mundo dos números é que possibilita a construção do conceito de número, o qual por sua vez é resultante de classificações, seriações e ordenações do sujeito.

Piaget propôs para crianças tarefas envolvendo classificações, ordenações e seriações, com a finalidade de investigar o seu modo de pensar; esta finalidade estava por sua vez vinculada à necessidade, que Piaget impôs a si mesmo, de investigar a gênese da inteligência humana. Transpor estas tarefas, de cunho investigativo, para a sala de aula pode – na melhor das hipóteses – fazer do professor um investigador em psicologia cognitiva. Mas, infelizmente, o que ocorre com maior frequência é os professores usarem os blocos lógicos em atividades de treinamento empirista, onde as crianças, utilizando seus cinco sentidos, devem perceber as diferenças de forma ou cor, separando-os de acordo com estas percepções.

Eva (5; 3). Ao desenhar, a criança pode expressar-se em formas geométricas, sem ter que discriminá-las no uso didático de blocos lógicos (Monique Deheinzelin).

As tentativas desta natureza de uso da teoria piagetiana estão fadadas ao fracasso, em primeiro lugar porque Piaget não pode ser lido e interpretado desde uma perspectiva empirista: vimos que seu pensamento só pode ser compreendido na perspectiva da filosofia dialética, segundo a qual pensar é muito diverso de perceber, resultando do ato de pensar a transformação do sujeito que pensa e do objeto sobre o qual ele pensa. Em segundo lugar, porque se pode classificar por classificar, seriar por seriar etc., fora de usos significativos na vida real, mas estas atividades não necessariamente propiciam ganhos cognitivos e muito menos ganhos na aprendizagem dos objetos de conhecimento.

O uso de blocos lógicos nas atividades da Educação Infantil corresponde a uma tentativa de estruturar as crianças na aquisição do conceito de número, como preparação para a aprendizagem da matemática no Ensino Fundamental. Esta tentativa bem intencionada parte do diagnóstico que as crianças apenas decoravam as regras matemáticas, sem compreender sua origem e seu sentido, e que as contribuições piagetianas poderiam preencher as lacunas na compreensão e no desempenho matemático de alunos e alunas.

Por exemplo, quando as crianças pequenas recitam a série numérica de 1 a 20, podemos ver que a contagem não está ainda recheada com o conceito de número, pois as crianças pulam algarismos, contam o mesmo objeto mais de uma vez etc. Mas é pensando sobre o mundo dos números e não em atividades apenas classificatórias que as crianças poderão ter uma compreensão da série numérica e dos sistemas de contagem.

Temos então, de um lado, as questões internas do desenvolvimento cognitivo – não ensináveis; e de outro o objeto de conhecimento que é a matemática. Caberá ao professor fazer a ponte entre ambos: propiciar aprendizagens significativas.

2.1 Aritmética e geometria

Pitágoras, Euclides e o pé do Rei Carlos V.

Hoje em dia a matemática é uma imponente construção com estruturas muito complexas, que, entretanto, teve sua origem na aritmética e na geometria. Os povos antigos que se dedicavam à pecuária tiveram desde muito cedo necessidade de contar seus rebanhos e para isso inventaram a aritmética – parte da matemática que investiga as propriedades elementares dos números inteiros e de suas frações; portanto, parte da matemática que trata das quantidades enumeráveis, isto é, daquelas que podem ser contadas um a um. Já os povos antigos que se dedicavam à agricultura tiveram necessidade de medir os terrenos a serem plantados: os dados históricos indicam que no antigo Egito as terras na beira do Rio Nilo eram muito disputadas por serem mais férteis, o que levou à necessidade de medi-las para procurar solucionar as disputas; tomando-se dois pontos na beira do rio e um terceiro nas estrelas, os antigos egípcios conseguiram medir a área de terra disponível, acabando assim por inventar os rudimentos da geometria.

Os antigos gregos deram enorme impulso à aritmética e à geometria, sobretudo com as contribuições de Pitágoras e Euclides, respectivamente. Para Pitágoras, todo o universo estava assentado sobre relações aritméticas que lhe conferiam harmonia e sentido. Um exemplo simples que ilustra sua visão é o *Tetractys*, o chamado "triângulo perfeito":

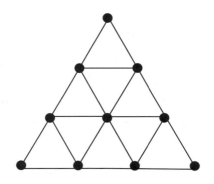

Este triângulo, em que linhas de 4, 3, 2 e 1 pontos compõem o número 10, era considerado um símbolo místico por Pitágoras e seus seguidores, representando a harmonia do cosmos e os quatro elementos. Além disso, ele representa toda a organização do espaço, pois cada linha representa uma dimensão: o ponto (dimensão zero), a linha definida por dois pontos (uma dimensão), o triângulo definido por três pontos (um plano, ou seja, o espaço bidimensional) e um tetraedro definido por quatro pontos (espaço tridimensional).

Euclides definiu as bases da geometria que viria a ser chamada de euclidiana:

Definição 1: O ponto é aquilo que não tem nenhuma parte.

Definição 2 : Uma linha é um comprimento sem largura.

Definição 3: A linha reta é aquela que é igualmente colocada entre dois pontos.

Definição 4: Uma superfície é aquilo que tem largura e comprimento, somente.

A partir das definições, Euclides concluiu cinco postulados e a partir destes postulados as noções comuns ou axiomas, que segundo ele são as evidências para que se possa conhecer qualquer coisa.

Uma vez que pode existir um surpreendente paralelismo entre a história das ciências[36] e o modo como cada criança

---

36. Cf. o livro de J. Piaget e R. Garcia: *Psicogênese e história das ciências* (1987). Nesse livro os autores investigam se haveria regularidades na passagem de um nível de conhecimento a outro mais abrangente, quer na criança que aprende um objeto de conhecimento, quer na história de construção deste mesmo objeto – neste caso a passagem da Física Clássica para a Física Quântica.

reconstrói as ciências para poder compreendê-las, torna-se quase natural ter a intenção de ensinar aritmética e geometria para crianças pequenas, que parecem partir da gênese da matemática para entendê-la como um todo.

São conteúdos da aritmética: as contagens, relações entre quantidades, operações elementares entre quantidades (adição, subtração, multiplicação e divisão) e os registros destas quantidades e operações. Atualmente, em nossa sociedade, esses registros estão organizados em um sistema decimal com valor posicional, certamente pelo fato que dispomos de dez dedos nas mãos, os quais constituem uma máquina de cálculo portátil. Se tivéssemos seis dedos como as aves, nosso sistema numérico certamente seria heximal, ou em base 6. Para compreender a origem dos registros aritméticos que usamos hoje e também conhecer outras possibilidades de notação, vamos fazer um breve histórico de como o sistema decimal se desenvolveu. Reproduzo a seguir a história da numeração, compilada pela equipe de Educação Infantil de São Bernardo do Campo, a quem muito agradeço pela cessão do documento.

2.1.1 Um passo atrás e dois passos à frente

> *Os matemáticos têm invenções muito sutis e que podem servir tanto para contestar os curiosos quanto para facilitar todos os ofícios e diminuir o trabalho do homem (Descartes).*

Em algum momento na pré-história, o homem sentiu necessidade de registrar os acontecimentos da vida de seu grupo. Desenhou então, nas paredes das cavernas que habitava, as caçadas, os animais e os acontecimentos da sua vida.

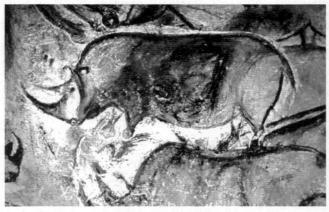

Rinoceronte pintado nas paredes da Caverna de Chauvet, há cerca de 30.000 anos [http://www.culture.gouv.fr/culture/arcnat/chauvet].

Não sabia contar, mas já tinha dentro de si o senso numérico, isto é, a capacidade de distinguir pequenas quantidades, e se expressava através de registros de "muitos" e "poucos" animais. Os dedos foram os primeiros instrumentos de contagem e essa associação permanece até hoje presente na palavra "dígito" que do latim "*digitus*" significa dedo.

Depois passou a marcar ossos e dar nós em cordas.

Com o advento da agricultura e da pecuária, o homem podia, nessa época, planejar suas atividades de modo que houvesse sobras para trocar. Por volta de 4.000 a.C. a organização social do homem primitivo já havia evoluído e a divisão do trabalho permitia que alguns homens se dedicassem a registrar a quantidade colhida na lavoura e o número de animais no rebanho.

O pastor carregava consigo um saco com tantas pedras quantas fossem as ovelhas do seu rebanho e assim, por correspondência, ele controlava o número de seus animais. Aliás, pedra = cálculo, palavra que hoje em dia ainda se usa para se referir a pedras nos rins (cálculos renais) e para a tarefa de fazer contas, calcular.

Várias foram as formas que os antigos habitantes da Terra criaram para registrar as quantidades.

Os egípcios

Estela mortuária da Princesa Nefertiabet, cerca de 2.500 a.C. Dentre os hieróglifos do lado direito, representando suas possessões, podemos ver diversos numerais [http://www.louvre.fr/en/oeuvre-notices/stele-princess-nefertiabet-and-her-food].

A base deste sistema era o "dez", tal como o dos gregos, citados a seguir, que utilizavam as letras do alfabeto para representarem seus numerais:

alfa	beta	gama	iota	rô
α	β	γ	ι	ρ
(um)	(dois)	(três)	(dez)	(cem)

Os romanos também construíram um sistema com base dez que permanece até hoje, com algumas modificações, é claro:

I	V	X	L	C	M
(um)	(cinco)	(dez)	(cinquenta)	(cem)	(mil)

Na América, os maias organizaram as quantidades sobre a base 5.

1	•	6	•	20	⬡
2	••	7	••	21	•
3	•••	8	•••	22	••
4	••••	9	••••	23	•••
5	___	10	___	24	••••

Este símbolo ⬡, que lembra uma concha, representa o "zero".

Já os mesopotâmicos, os atuais Irã, Iraque e região, registravam em placa de argila os numerais, cuja base era 60. Os resquícios desta cultura permanecem ainda hoje na divisão e contagem do tempo: 60 segundos compõem um minuto e 60 minutos compõem uma hora.

ᵞ	ᵞᵞ	◁	◁ᵞᵞ	ᵞ ᵞᵞᵞ
(um)	(dois)	(dez)	(doze)	(60 + 3 = 63)

A marca do 60 se distingue das demais pela distância e posicionamento.

A necessidade de calcular e cobrar impostos foi o maior estímulo para o desenvolvimento da aritmética. No final do século VI os árabes trouxeram do Oriente (Índia) manuscritos onde estavam registrados numerais com base decimal.

1	2	३	४	४	५	७	८	९	०
1	2	3	4	5	6	7	8	9	0

Neste sistema a grande novidade era o zero (um ovo de ganso) e o valor posicional que dispensava as complicadas adições necessárias para se ler os numerais de outras culturas.

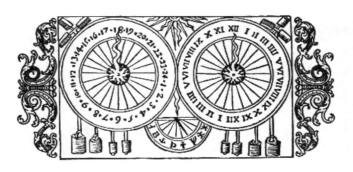

Xilogravura de Olaus Magnus, publicada em 1555, representando um relógio astronômico com números romanos e arábicos [http://commons.wikimedia.org/wiki/File:Olaus_Magnus_-_On_Clocks.jpg].

O matemático árabe al-Khwarizmi, por ordem do rei, escreveu um livro desvendando as invenções indianas e divulgando-as para o mundo ocidental, daí o sistema ter recebido o nome de indo-arábico e o seu divulgador teve o seu nome ligado para sempre à matemática: al-Khwarizmi = *algorismus* = algarismo.

Fica claro que o número não foi uma invenção de um único povo ou uma pessoa. O conceito de número foi construído e aperfeiçoado no decorrer da história a partir das necessidades do homem em lidar com quantidades, o que vale dizer que este conhecimento não está fechado e, embora seja uma ciência exata, não é uma verdade absoluta e, portanto, continua em permanente processo evolutivo[37].

2.1.2 Em base dez!

Como vimos, as crianças quantificam e fazem relações entre as quantidades (mais, menos, igual) muito antes de ingressar na escolaridade formal; quanto às operações, estas também fazem parte do universo infantil, ainda que de forma não sistemática, com o uso dos algoritmos (procedimento para efetuar contas).

O sistema de numeração decimal está presente em nossa sociedade, e assim como as salas de aula devem ser um ambiente alfabetizador, devem também ser um ambiente aritmetizador. Entretanto, o nosso sistema de numeração é extremamente complicado, por ser inteligente e sintético: com apenas dez algarismos ou numerais (0, 1, 2, 3, 4, 5, 6, 7, 8, 9), pode-se escrever qualquer quantidade.

Conforme ilustramos acima, a humanidade levou 1.500 anos depois de Cristo, sem contar os séculos que o prece-

---

37. PREFEITURA MUNICIPAL DE SÃO BERNARDO DO CAMPO. *A Educação Infantil em São Bernardo do Campo, uma proposta integrada para o trabalho em creches e EMEI's.* Agradeço especialmente a Regina Lúcia Scarpa, coordenadora e assessora pedagógica da proposta, e a Zilma de Moraes Ramos de Oliveira, que realizou a supervisão técnica da mesma proposta, pela possibilidade de publicar aqui esta história da numeração.

deram, para inventar este sistema, e não podemos pretender que as crianças o compreendam só porque mostramos a elas onde é a casa das unidades, das dezenas, centenas, e assim por diante. Por exemplo o número 2014, se colocado em uma tabela valor de lugar, poderia induzir o aluno a supor apenas quatro unidades na representação numérica desta data, quando temos aqui $2\ 000 + 0 + 10 + 4 = 2014$ anos d.C.

M	C	D	U
2	0	1	4

Entender o modo de construção de nosso sistema de numeração exige da criança operações lógicas de notável complexidade, para elaboração das quais as crianças necessitam de informações culturais: quais são os algarismos, como eles se chamam, como se escrevem, como podem ser combinados. Veremos adiante, nas estratégias de ensino e de aprendizagem, como propor às crianças atividades que possibilitem uma interação entre o modo espontâneo de escrita dos números (onde as crianças escrevem do seu jeito) e a escrita dos números convencionada socialmente. Para a escrita espontânea, as crianças utilizam símbolos – modo de representação inventado por cada sujeito; na escrita convencionada utilizam os signos – convenções arbitrárias de nossa sociedade para registro em linguagem matemática.

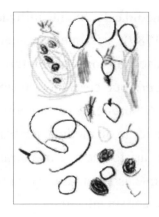
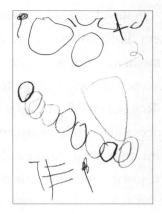
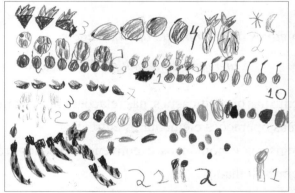

Acima Leona (3; 2) e abaixo Eva (6;1) desenham e contam frutas para uma receita.

Para a aritmética, a história da numeração ocupa um lugar importante; por outro lado são conteúdos da geometria as formas e medidas geométricas, bem como suas relações e possíveis combinações. Um modo muito interessante de relacionar aritmética e geometria é trabalhar com padrões de medidas, quando então as crianças podem medir extensões (quantidades contínuas) e fazer contas (quantidades discretas – objetos separados) entre as extensões medidas.

É notável que os padrões de medida atualmente utilizados datem da Revolução Francesa (1789); até aquele momento, as medidas eram referentes a partes do corpo de algum rei, como por exemplo um pé (*one feet*), que correspondia ao pé do Rei Carlos V da Inglaterra. A burguesia revolucionária francesa instituiu o metro como padrão de medida, acabando assim com as arbitrariedades da aristocracia e instaurando certa justiça comercial, uma vez que as medidas deixaram de ser quase subjetivas e passaram a ser socializadas.

2.2 Objetivos de ensino e de aprendizagem

Diferenças entre cultura e civilização.

- Êxito nas quantificações, nas relações entre quantidades, e nas operações elementares entre elas.
- Registros espontâneos e convencionais dos três itens acima alinhados.
- Progressivo domínio conceitual do sistema de numeração decimal com valor posicional: seus usos, funções e modo de construção.
- Conquistar habilidades para efetuar cálculos mentalmente.
- Combinar formas fazendo relações geométricas entre elas.
- Saber instituir padrões de medida e poder trabalhar com eles.

Os objetivos de ensino e de aprendizagem estão vinculados às características internas das disciplinas Aritmética e

Geometria; pois o aprendizado de aspectos da Aritmética e da Geometria é solidário às características internas do desenvolvimento cognitivo – no caso, os elementos estruturais do pensamento lógico-matemático: classificações, seriações e ordenações. Consideramos sempre as inter-relações entre desenvolvimento, cultura, ensino e aprendizagem.

Aqui, a ideia é que a melhor forma de propiciar o desenvolvimento cognitivo é propor às crianças problemas de natureza cultural suficientemente difíceis para que elas, para solucioná-los, tenham que colocar em ação tudo aquilo que já sabem, isto é, os seus esquemas assimilativos mais atualizados em possíveis (Piaget); mas não tão difíceis que elas não possam solucioná-los. Para encontrar os problemas que nos servem deveremos utilizar o conceito de Zona de Desenvolvimento Potencial (Vygotsky) descrito no marco curricular. Esta ideia encontra um referencial teórico na já citada colocação de Vygotsky, segundo o qual, "nos processos psicológicos superiores" (aqueles que fazem uso da flexibilidade da inteligência), "o desenvolvimento cognitivo é o processo para adquirir cultura".

Assim, grosso modo, pode tornar-se mais inteligente quem mais interage com os elementos da cultura e inversamente, menos inteligente quem tem menos oportunidade de resolver problemas culturais.

Entendendo cultura em um sentido antropológico amplo como tudo aquilo que não é da natureza, mas fazendo uma escolha entre os elementos da cultura mais banais e aqueles mais essenciais, esteticamente[38] importantes para os seres humanos, a escolha incide sobre esses últimos. Assim, de acordo com o grande pensador inglês Whitehead, a cultura é "atividade do pensamento e receptividade à beleza e ao humano sentimento"[39].

Importante é frisar a distinção entre cultura e civilização: para tanto utilizarei as definições do filósofo francês Herbert Marcuse, em seu livro *Eros e a civilização* (1981): a civilização vincula-se ao reino da necessidade e ao domínio da natureza, à heteronomia e ao trabalho útil; os procedimentos civilizatórios utilizam a natureza para fins operacionais, como instrumento de dominação para acumular dinheiro e bens. A cultura é o reino da liberdade, da atividade do espírito – possíveis pela atividade mental dos sujeitos e pela autonomia de pensamento, necessitando de espaços ociosos para se realizarem. A cultura está vinculada a valores espirituais, tendo a natureza como espelho do espírito.

Desejaria que a escola fosse o lugar para adquirir cultura e não o lugar a serviço de processos civilizatórios truculentos – como tem sido desde suas origens – fazendo com que

---

38. É preciso recorrer à origem grega da palavra estética – sensação, sentimento, afeto (anestesia é o seu contrário – sem sensação) – para compreender estética como sensação ou afeto que mobiliza nossas ações, e não como atribuição ao belo de algo que já está pronto (o que seria apenas um julgamento de gosto). Procurei desenvolver este pensamento, relacionando-o ao pensamento sensório-motor das crianças que frequentam a Educação Infantil, em *Móbiles da ação: da cor à experiência estética*.

39. Alfred North Whitehead (1861-1947), *Os fins da educação e outros ensaios*, p. 13. Filósofo, educador e matemático, A.N. Whitehead é considerado um dos grandes pensadores do século XX.

as crianças passem de "animaizinhos silvestres" a "gorilas amestrados" (esta última expressão – forte, sem dúvida – é do filósofo italiano Antonio Gramsci) a serem utilizados como mão de obra nas linhas de produção industrial.

Para mim, a escola é o lugar da educação e "educação é a arte de utilizar conhecimentos" – aqui uma outra citação de Whitehead. Cabe aos professores promover a integração significativa entre cultura e educação.

Nesta proposta curricular de Educação Infantil consideramos conhecimento aquilo que é produzido por alguém nas múltiplas interações em sua experiência com fenômenos ou com objetos sociais de conhecimento já construídos pela humanidade. O conhecimento consagrado por uma comunidade ou grupo humano torna-se moeda de troca entre os indivíduos e assim constitui sua cultura.

É preciso muita atenção para estes aspectos, quando este currículo for utilizado com intencionalidade educativa, pois

> a educação, como surgiu da necessidade do atendimento de aspectos mais precípuos ou mesmo mais concretos para a utilização da natureza pelos indivíduos, começou a exigir, inicialmente, uma sistematização muitas vezes excessiva, e aqui tivemos o surgimento das escolas de Platão, Pitágoras e muitos outros. Claro que, com o desenvolvimento social dos povos, a educação perdeu o seu caráter doutrinário para poucos e passou a ser defendida como um direito de todos, mas não perdeu sua tendência para a formalização, até um certo momento histórico (BAHIA. *Nuclearte*, 1978).

Devemos ter cuidado, portanto, com a excessiva formalização do ensino, quando ele passa a ter objetivos civilizatórios e não mais culturais. Para tanto devemos entender o conhecimento não como simples instrumento de dominação da natureza, útil em educar as crianças para que venham a ser mão de obra eficiente, mas como "forma de sensibilização, introspecção, reflexão, formação da consciência crítica e domínio do saber" (BAHIA. *Neasc*, 1987).

Após esta digressão sobre cultura e educação e seu vínculo com o desenvolvimento cognitivo, retorno ao mundo dos números fazendo mais uma observação. Trata-se da infinitude da série numérica: o mundo dos números é composto de infinitos elementos que podem combinar-se de infinitas maneiras. Diante deste fato, não faz sentido trabalharmos com as crianças os algarismos ou numerais isolados de seu contexto: em março o numeral 3, em abril o 4 e 5 em maio até o 10, e assim por diante. Devemos sim propor a elas problemas a partir das estruturas internas das disciplinas que envolvam toda a riqueza e a complexidade da série numérica.

Grandezas e medidas

• *Utilizar o calendário para identificar a passagem do tempo e organizar os acontecimentos e compromissos.* O calendário pode ser utilizado em todas as turmas de Educação Infantil, de forma progressivamente independente, conforme as crianças compreendem as regularidades destas medidas de tempo.

→

- *Atividades de culinária e horta.* A culinária é uma ótima oportunidade para que as crianças reflitam sobre as várias unidades de medida, comparem quantidades e busquem equivalências. Também é interessante para trabalhar a noção de tempo, quando as crianças precisam registrar o tempo em que um bolo assa ou uma massa descansa. Na horta a medida de tempo – de germinação, de crescimento – também pode ser trabalhada, além de medidas espaciais – o espaço entre fileiras, quantas mudas por área etc. Em ambos os casos, o professor deve incentivar as crianças a buscar estratégias próprias para as medições e comparações.
PRISCILA MONTEIRO. "As crianças e o conhecimento matemático: Experiências de exploração e ampliação de conceitos e relações matemáticas".

2.3 Estratégias de ensino e de aprendizagem

Cotidiano, jogos e problemas.

- Questões colocadas pelas situações cotidianas.
- Jogos e brincadeiras.
- Problemas aritméticos.

Cotidianamente nos defrontamos com questões que envolvem a aritmética; na distribuição de material, na arrumação da sala de aula para a próxima atividade, na distribuição de biscoitos que alguma criança tenha trazido para escola, as operações simples de adição, subtração, multiplicação e divisão estão presentes: por exemplo, distribuir 66 biscoitos para 32 crianças é uma operação de divisão. Podemos tomar a nosso encargo essas tarefas, ou fazer a conta mentalmente e dizer para o aluno: "Dê dois biscoitos para cada coleguinha seu e também dois para mim". Procedendo desta maneira, o professor tirará a oportunidade de a criança realizar operações matemáticas por conta própria; deixando ao encargo das crianças a solução dos pequenos problemas cotidianos, o professor dará sempre oportunidades para que elas pensem matematicamente.

Números e sistema de numeração

Quando trabalhamos com números, é importante ter em mente a *distinção entre as atividades de contagem de objetos (quantificar) e as atividades de recitação de números*. Este recitado convencional de números, que pode ser trabalhado através de músicas, de contagem em jogos de esconde-esconde etc., é importante no início da aprendizagem numérica, pois oferece uma base para que as crianças aprendam as leis do sistema matemático. Mas é necessário propor também problemas que envolvam a contagem de objetos. Isso pode ser feito dentro de jogos (quantas garrafas de boliche foram derrubadas, quantas casas deve-se andar no tabuleiro) ou em situações cotidianas como contar o número de crianças para saber o número de pratos. Durante essas atividades, o professor pode promover a discussão dos diferentes procedimentos usados pelas crianças, perguntando qual é mais rápido ou qual é mais preciso.

→

• *Trabalhar com números que fazem parte do cotidiano das crianças.* As crianças estão sempre em contato, no seu cotidiano, com diversos números: datas, preços, idades, números de telefone etc. Trazer esses números para a sala de aula enriquece o aprendizado e também favorece a percepção das diferentes formas como os números são usados em cada contexto. Para as crianças menores, até três anos, é interessante oferecer materiais que contenham números escritos (notas e moedas, embalagens, agendas de telefone, folhetos de supermercado, calculadoras) para serem usados em suas brincadeiras de faz de conta. Para crianças maiores, é importante criar situações para ordenar e comparar números escritos. Uma boa ferramenta para isso é um quadro com os números de 1 a 99 dispostos em fileiras de dez em dez. Este quadro, que explicita as regularidades numéricas, pode ser usado como referência para as crianças, e também em jogos como bingo ou adivinhação (em que uma criança escolhe um número e as outras têm que adivinhar através de pistas – "está na fileira dos 20?", "é maior que 25?"). Através do contato com números de diversas grandezas, tanto no quadro quanto nos objetos cotidianos, as crianças são capazes de criar hipóteses sobre os números: quais são maiores, quais as regularidades do sistema etc.

PRISCILA MONTEIRO. "As crianças e o conhecimento matemático: Experiências de exploração e ampliação de conceitos e relações matemáticas".

Além de aproveitar as oportunidades cotidianas para trabalhar o pensamento matemático, também podemos propor às crianças jogos[40] e brincadeiras que envolvam os conteúdos das disciplinas específicas, compondo um campo sempre aberto de possibilidades. Utilizando dados, baralhos, jogos de tabuleiro, jogos com trajetórias nos quais as crianças devem andar tantas casas quantos forem os números dos dados, jogos de compra e venda, e assim por diante, o professor terá uma fonte inesgotável de criação pedagógica. O material para o jogo poderá ser manufaturado pelo professor e seus alunos, os quais não dependerão assim de material didático previamente comprado.

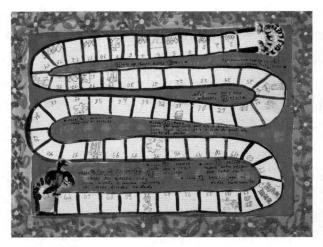

Tabuleiro para o Jogo do Ganso (Monique Deheinzelin)

---

40. O jogo do ganso e muitos outros, sua história e modo de jogar podem ser encontrados no livro de A. Klisys (texto) e C.D. Stella (ilustrações): *Quer jogar?*

Dedicarei um capítulo deste currículo ao jogo, suas origens, formas e funções. Por ora, destacarei apenas as virtudes dos jogos para o ensino e a aprendizagem da matemática.

A primeira virtude é o seu rendimento: em um grupo de cinco crianças (a classe de 35 poderá estar dividida pelo professor em sete grupos de cinco crianças), cada criança faz um número de operações muito maior do que faria se estivesse a frente de uma tarefa individual do tipo "quanto é 2 + 2 ?", na medida em que faz os cálculos de sua jogada e também das jogadas dos colegas; o ritmo rápido característico dos jogos também prevê um grande número de operações em um tempo relativamente curto.

A segunda virtude é que, jogando, as crianças colocam na mesa tudo aquilo que sabem, raciocinam tentando antecipar sua jogada e a dos colegas, investigam mentalmente como enganar os amigos de forma a poder ganhar o jogo: movidas por um saudável espírito de competição, acabam nesse caso aprendendo muita matemática.

E a terceira virtude consiste na possibilidade de livre-trânsito dos erros construtivos, isto é, daqueles erros que correspondem ao modo lógico de pensar da criança em cada instante, mas que não correspondem ao modo convencionado socialmente de resolver uma questão. Nos jogos, crianças e professores têm maior liberdade para lidar com o certo e o errado; muitas vezes as trocas de opiniões entre as crianças são mais instrutivas do que chegar simplesmente ao resultado correto.

Os jogos são sempre um teste de resistência do "jogo de cintura" dos professores: o quanto aguentamos observar as crianças discutirem problemas a seu próprio modo, sem interferir. Quem aguentar, certamente verá e ouvirá coisas maravilhosas...

No andamento dos jogos, solicitaremos às crianças que façam registros escritos de suas jogadas, dos pontos obtidos, das diferenças de pontos entre os parceiros, do placar geral da classe, e assim por diante. Esses registros cumprem a finalidade de interação entre os registros espontâneos das crianças e os convencionados socialmente, além de serem fundamentais para as crianças acompanharem o andamento do jogo em curso.

De cima para baixo, Bruna, Daniela e Andrea, com idades entre quatro e cinco anos registram os pontos dos dados de modos diferentes (Marcela Guardia).

A terceira vertente de atividades é aquela dos problemas aritméticos. Os problemas fazem parte dos currículos de Ensino Fundamental I, onde frequentemente constituem uma dissociação entre o que a criança já sabe e os passos obrigatórios para a resolução dos problemas: Na vida 10 e na escola 0, como diz o título do belo livro da educadora pernambucana Teresinha Carraher e de seus colaboradores[41]. Procuraremos fazer o inverso, isto é, propor às crianças problemas que fazem parte de sua vida e que possam ser resolvidos de diversas formas. O universo dos problemas é também infinito, e caberá ao professor inventar problemas nem tão fáceis que as crianças já saibam resolvê-los, nem tão difíceis que as crianças não saibam nem por onde começar. Por exemplo, "Fui à feira e comprei 3 mangas; cada manga custou uma nota de 2 reais; quantas notas de 2 eu gastei?", é um problema muito fácil para crianças de cinco a seis anos porque todas saberão resolvê-lo. Quando, em uma classe, a maior parte das crianças consegue resolver um problema, este é muito fácil, e, portanto, não nos serve. Pois de que adianta ensinar às crianças coisas que elas já sabem?

O problema "Minha cadela teve cria, sendo seis cachorrinhos machos e três fêmeas. Com quantos cachorros fiquei ao todo?", é um problema interessante para crianças de quatro a cinco anos, pois deverão incluir cachorrinhos machos e fêmeas no todo cachorros, sem esquecer-se de contar também a mãe.

---

41. *Na vida dez, na escola zero*, de T.N. Carraher, D.W. Carraher e A. Schiliemann.

Mariana (5; 4). Resolução e registro de problema (Daniela Padovan).

Para a resolução de problemas, as crianças usam seus registros espontâneos e também material estruturado. Chamamos material estruturado todo aquele que auxilia a criança em seu raciocínio, como por exemplo pedrinhas, fichas, conchinhas, o material dourado e as barrinhas de Cuisinière (cujo uso discutiremos no capítulo seguinte) etc.

Compreendendo a função do material estruturado, o professor poderá criá-lo, mais uma vez sem precisar de material didático previamente comprado.

Os registros devem também ser utilizados na resolução de problemas, constituindo um material estruturado construído pela criança. Os conhecimentos prévios da criança, nas operações matemáticas que pode realizar pelo mundo afora, também são para ela um material estruturado. Gostaria de demonstrar com os exemplos que o material estruturado é tanto de natureza material quanto intelectual, e que não é verdade que a criança pequena apenas pode aprender "no concreto", como frequentemente se diz. Como foi dito, em uma perspectiva construtivista o concreto é o que existe de mais abstrato, ao passo que as ideias que formulamos sobre os objetos em nossa experiência com eles é que são, para nós, concretas.

Finalmente, uma referência à geometria. Propondo às crianças que façam mosaicos, onde devem ser combinadas e encaixadas diversas formas geométricas (p. ex. o quadrado, que pode ser composto de dois triângulos, ou de um losango – balãozinho – e mais quatro triângulos, ou...) teremos aberto um mundo de possibilidades de trabalho, tanto mais vantajosas por proporcionarem alegrias estéticas para as crianças, na medida em que mosaicos podem ser muito bonitos, como atestam os coloridos vitrais com mosaicos das igrejas pelo Brasil afora.

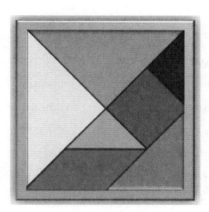

Um jogo de Tangram.

Medindo formas geométricas, como, por exemplo, o perímetro da mesa de trabalho das crianças (basta para isso pegar um pedaço de barbante, combinar que este pedaço vale um e ver quantos "uns" têm os lados da mesa, sem esquecer de registrar a cada passo os valores obtidos), elas poderão integrar seus conhecimentos geométricos com os aritméticos. Áreas também podem ser medidas utilizando o mesmo procedimento: se um tijolo vale uma unidade de área, calcula-se quantos tijolos cobrem a área da mesa.

Podemos partir das definições euclidianas e investigar com as crianças onde estão os pontos destacáveis do triângulo – seus vértices –, onde estão as retas – seus lados –, suas superfícies, e assim por diante. Podemos colocar as crianças em situações onde elas possam pensar sobre as propriedades das figuras geométricas que se tornam observáveis a partir das definições de Euclides.

Espaço e forma

• *Construções usando blocos ou caixas de diferentes tipos, tamanhos e formatos.* Pode-se fazer construções grandes, por onde as próprias crianças circulem, ou mais reduzidas, onde podem ser colocados carrinhos ou bonecos. Essas atividades podem ser aprofundadas quando as crianças são incentivadas a refletir sobre o que estão construindo: Qual tipo de bloco é melhor para sustentar uma ponte? Qual deve ser o espaço entre as colunas para que um carrinho possa passar? Qual é o melhor suporte para cada tamanho de construção, a mesa ou o chão? Quando feitas em grupo, principalmente por

→

crianças de quatro ou cinco anos, estas atividades favorecem o planejamento e a discussão sobre questões espaciais.

• *Exploração e descrição de espaços e percursos, tanto dentro da escola como fora dela. Podem ser trabalhados percursos familiares, pedindo para as crianças* explicarem a um convidado como chegar ao banheiro, ou descreverem percursos que realizam cotidianamente, como o de suas casas até a escola. O professor deve incentivar as explicações com perguntas e ajudar as crianças a aprimorar seu vocabulário, oferecendo as expressões adequadas. Se houver alguma atividade com os alunos fora da escola, como um passeio ao zoológico, por exemplo, essa oportunidade também pode ser utilizada para trabalhar conteúdos de espaço e forma, comparando distâncias, buscando referências do local, descrevendo os novos espaços etc. Pode-se propor às crianças que desenhem um "pedaço" desses locais e depois fazer uma exposição para que as crianças conversem sobre seus pontos de vista e referências.

PRISCILA MONTEIRO. "As crianças e o conhecimento matemático: Experiências de exploração e ampliação de conceitos e relações matemáticas".

Enfim, pode-se realizar muita coisa, basta para isso conhecer alguns pressupostos e a partir deles inventar sempre atividades novas. Por esta razão disse no início que os caminhos da matemática são intrigantes e brincalhões.

2.4 Instrumentos do professor

Avaliação e planejamento.

- Conhecimentos específicos de matemática elementar e de geometria.
- Jogos.
- Material estruturante.

Além destes que acabo de colocar, estão também incluídos como instrumentos do professor todos aqueles descritos na introdução a este projeto curricular, onde descrevemos estratégias e instrumentos que são comuns a todas as áreas trabalhadas.

A seguir, descrevo um exemplo de avaliação e planejamento em atividades matemáticas.

A Profa. Daniela Padovan, na Escola da Vila, em São Paulo, propôs a seus alunos – de quatro a cinco anos de idade –, que compusessem as várias maneiras de se obter o número 8. Para tanto, as crianças utilizaram as barrinhas de Cuisinière. Estas são de madeira, coloridas e compostas de quadradinhos que marcam as unidades que compõem cada número. Por exemplo, a barrinha que vale 1 tem apenas um quadradinho e é branca, a barrinha que vale 2 é rosa e tem dois quadrados, a que vale 3 é amarela e é composta de três quadrados, e assim por diante.

Pois bem, as crianças deveriam pegar a barrinha correspondente ao número 8, e abaixo dela ir colocando as demais barrinhas, que somadas equivaliam a oito. Por exemplo, duas que valem quatro, ou duas que valem um mais duas que va-

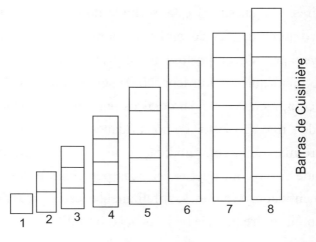

Barras de Cuisinière.

lem três, ou uma que vale três com outra valendo cinco e assim por diante, até esgotar todas as combinações. A seguir deveriam registrar a lápis, numa folha de papel, as várias combinações; para isto, algumas crianças colocam as barrinhas sobre o papel e desenham seus contornos, ou fazem risquinhos verticais, ou bolinhas, cada uma correspondendo a cada unidade, ou utilizam os nossos algarismos. São os chamados registros espontâneos, em que cada criança escreve à sua maneira as quantidades encontradas.

Temos então a descrição desta primeira fase da atividade. Dois são os seus objetivos de ensino e de aprendizagem: o primeiro é propiciar à criança pequena a compreensão de que os números são entidades flexíveis, umas incluídas (ou excluídas) nas outras, de acordo com diversas combinações. Por exemplo, 1, 2, 3, 4, 5 estão incluídos no número cinco, e para obtê-lo podemos combinar estes algarismos de diversas maneiras; o algarismo 7 está excluído do número 5. Quanto maior o número, maior é também o número de combinações possíveis para decompô-lo. Para as crianças pequenas, a inclusão hierárquica e a ordenação da série numérica são coisas incompreensíveis e para elas os números não estão relacionados, mas são vistos como entidades cristalizadas. Disto decorre mais uma contraindicação dos trabalhos em que se pretende fazer com que as crianças percebam os numerais como entidades separadas; infelizmente, estes procedimentos são muito frequentes na Educação Infantil.

O segundo objetivo de ensino e de aprendizagem é propiciar às crianças a escrita dos números. Para tanto, é preciso ter claro que existe uma diferença entre o número – conceito, ideia sobre quantidades inventada pelos homens, e o numeral ou algarismo, que é a maneira atual de representar esta ideia. Digo maneira atual porque, como vimos na história da numeração, os algarismos com valor posicional compondo um sistema decimal são uma forma de representar os números bastante recente (datam de 1500). Se esta forma de representação nem sempre foi assim, certamente nem sempre será. Quando as crianças registram quantidades, têm uma excelente oportunidade de compreender o modo de construção do sistema decimal, além de utilizar o registro como elemento estruturador de seu próprio raciocínio.

Entretanto, a partir da observação e análise da produção das crianças, a Profa. Daniela avaliou que seus objetivos de ensino e de aprendizagem não estavam sendo alcançados, pois as crianças solucionavam a proposta utilizando apenas a percepção, sem raciocinar. Pegavam as barrinhas e procuravam alinhá-las, obtendo o mesmo comprimento que a de oito tomada como referência, como se fosse um jogo de encaixe, ou quebra-cabeça. Obtendo o mesmo comprimento, desenhavam o contorno das barrinhas, sem atentar para as relações entre as quantidades envolvidas. Assim, a atividade revelou-se inútil para seus propósitos.

Daniela modificou então a atividade proposta. Desenhou em uma folha de papel uma trajetória horizontal, composta de quadradinhos, como casas dos jogos de tabuleiro.

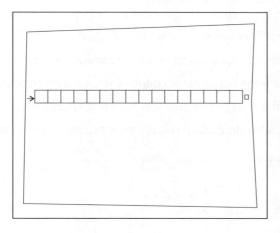

Cada criança deveria jogar o dado e colocar barrinhas de Cuisinière combinadas, até atingir a quantidade do dado. Por exemplo, saiu cinco no dado; a criança poderia pegar uma barrinha de um e uma de quatro para completar as cinco casas. Não foi o que aconteceu, o que era previsível, pensando bem: as crianças liam o dado perceptualmente – pela disposição das bolinhas em cada face do dado –, e buscavam a barrinha correspondente pela cor. Por exemplo, se caiu três no dado – o que se percebia pelas três bolinhas em reta diagonal –, as crianças imediatamente buscavam a barrinha amarela, aquela que vale três – percebida pela cor (nesta altura dos acontecimentos, as crianças já tinham decorado correspondência entre cor e quantidade).

Como podemos avaliar, comparando os objetivos de ensino e de aprendizagem com os resultados obtidos nesta segunda fase da proposta, a atividade continuou não dando certo.

Finalmente, a Profa. Daniela pensou numa solução que deu certo: desenhou uma trajetória quebrada em ângulos retos, de tal forma que as crianças eram obrigadas também a "quebrar" as quantidades, isto é, desmembrá-las em seus componentes, para poder ir preenchendo as casas de acordo com o número sorteado no dado. Flexibilizaram assim os números e fizeram correspondências entre duas formas de registro: o registro do dado e o das casas preenchidas na trajetória.

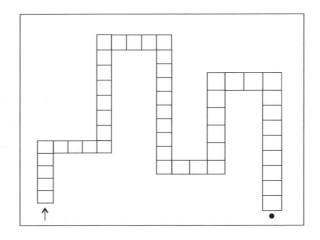

Com este exemplo, a intenção é mostrar que a avaliação e o planejamento são processos dinâmicos e complexos. Os professores têm toda razão ao necessitar subsídios para conduzir estes processos. Busco oferecer alguns subsídios, mas quem conduz cada processo é o professor, nas situações singulares, especiais e inclusivas de sua sala de aula.

Para as atividades matemáticas, jogos e materiais estruturantes podem ser adquiridos, se possível e sendo de boa qualidade.

O que entendo por boa qualidade? Aqueles que sejam instigantes para o pensamento matemático das crianças e que sejam abertos, isto é, que não admitam apenas um uso, ou uma resposta, mas sim múltiplos usos e respostas.

O professor poderá sempre criar jogos e materiais com os recursos de que dispõe. E estes recursos dependem mais da imaginação e das ideias criadoras, da avaliação e do planejamento, do que da disponibilidade de materiais prontos e industrializados.

3 Arte

Celebração da visibilidade.

A arte é um vasto campo de conhecimento humano, certamente o mais misterioso e belo de todos. Difícil defini-lo, o que podemos fazer é maravilhar-nos com seus frutos, que são sempre precursores da época vindoura.

Os artistas celebram o invisível, percebendo e doando ao mundo o que *sabem* sobre as coisas, e não o que *veem* na realidade.

Assim, tomando exemplos na história da pintura, quando contemplamos a *Mona Lisa*, de Leonardo da Vinci, retrato de Lisa Gherardini, nascida em 1479, casada em 1495 com Francesco di Zanobi del Giocondo de Florença (e por isso conhecida também como La Gioconda), vemos uma mulher de expressão enigmática, muito consciente de si própria, centrada no universo e em harmonia com a natureza (a qual aparece na pintura em segundo plano, dominada e pacífica), enfim, uma mulher que bem expressa a concepção de ser humano de sexo feminino daquela época.

Quando, por outro lado, contemplamos o retrato de Dora Maar – *Mulher chorando*, de Picasso (1937), vemos uma mulher de múltiplas faces presentes simultaneamente no plano da tela. Esta tela cubista mostra as diversas facetas do ser humano, de onde está ausente a contiguidade com a natureza. Enquanto o quadro *Mona Lisa*, de Leonardo da Vinci, mostra uma figura que se parece bastante com uma mulher, *Mulher chorando* guarda apenas uma semelhança deformada com seu modelo.

O que houve nos quinhentos anos que separam uma pintura da outra? Não houve um aviltamento do ofício do pintor – que poderia explicar a "imperfeição" da pintura de Picasso – e sim uma verdadeira revolução na inserção do ser humano no mundo: o homem contemporâneo não está mais centrado em si mesmo em harmonia com a natureza, sendo atualmente um ser regido pela incerteza e sujeito de permanentes transformações dilacerantes e multifacetadas.

Os retratos não são nunca uma cópia fiel de seu modelo, e sim expressão estética das ideias e concepções de cada situação histórica. Construindo essas linguagens, os pintores se constituem enquanto sujeitos e transformam sua época.

O pintor francês Henri Matisse (1869-1954) escreveu em *Notas de um pintor* (1908): "Não posso copiar servilmente a natureza, que sou forçado a interpretar e a submeter ao espírito do quadro". Matisse expôs esse conceito a uma espectadora que não gostara do modo com que ele havia pintado uma mulher: "Isto não é uma mulher", teria dito. "É um quadro". De acordo com o pesquisador da história da arte John Elderfield[42], foi no começo do século que a pintura tor-

---

42. Curador da mostra *Henri Matisse: uma Retrospectiva* no Museu de Arte Moderna de Nova York em 1992.

nou-se "o modo de deslocar o mundo externo das aparências para o mundo interno da imaginação"[43].

Como se dá esse deslocamento? Em seu pequeno e precioso livro *Jazz* (1947)[44], relata Matisse:

> Um músico disse: "Em arte a verdade, o real começa quando não se compreende mais nada do que se faz, do que se sabe, e resta em nós uma energia tanto mais forte quanto é contrariada, compressada, comprimida. É preciso então se apresentar com a maior humildade, toda branca, toda pura, cândida, o cérebro parecendo vazio, em um estado de espírito semelhante àquele da pessoa em comunhão aproximando-se da Santa Ceia. É preciso evidentemente ter todas as suas aquisições atrás de si e ter sabido guardar o frescor do instinto".

MATISSE, H. *O cavalo, a amazona e o palhaço – Jazz*, 1947.

---

43. CARVALHO, M.C. "Mostra de Matisse recria pintura moderna". *Folha de S. Paulo*.

44. Em *Matisse – escritos e reflexões sobre arte*, encontramos texto e imagens publicados: "*Jazz* e os papéis recortados", p. 263-293.

Quando temos um convívio íntimo com as crianças, vemos que elas frequentemente preenchem as condições acima, onde, diria Piaget, "o sujeito submerge desde o princípio o real em um mundo de possíveis, em lugar de extrair simplesmente esses possíveis do real". Contudo, as condições prévias favoráveis – que as crianças têm naturalmente – não tornam a tarefa artística espontaneamente fácil para elas, uma vez que terão que se haver com os problemas constitutivos de cada linguagem da arte, com as questões estéticas de ritmo e harmonia – os problemas de composição –, com as questões da história de seu próprio desenvolvimento (cognitivo, afetivo, motor) e com as questões da história da arte. Se em um desenho infantil estão integradas todas estas questões, estamos diante de uma obra de arte e a criança que o fez é um produtor de cultura.

O saber fazer: conteúdo procedimental que se destaca na Educação Infantil

Se o aluno da Educação Infantil aprende a desenhar fazendo e interagindo com o mundo da arte, essas duas ações de aprendizagem se dão, prioritariamente, em atos práticos nos quais ele aprende os conteúdos da área. Nesse sentido, a aprendizagem dos conteúdos está ligada ao conhecimento de materiais e ao seu uso em trabalhos de criação.

Os conteúdos procedimentais podem reger os conceitos aprendidos, porque o procedimento é uma via de acesso a esses conceitos adequada às crianças.

ROSA IAVELBERG. *Desenho na Educação Infantil.*

Quando as crianças desenham uma mulher grávida com o bebê em seu ventre retratado tal como uma radiografia, ou quando transformam uma vassoura em cavalinho de pau, expressam sabedoria e não cópias da realidade. Assim, a gênese da arte encontra-se no pensamento infantil, sobretudo em sua característica principal que é o jogo simbólico: a capacidade de criar símbolos em lugar dos objetos da realidade imediata.

Grandes artistas deste século, como Miró, Klee, Kandinski, afirmaram que tudo que eles aprenderam em 60, 70 anos de atividades artísticas, foi a recuperar o que as crianças de quatro a seis anos de idade fazem aparentemente com grande facilidade.

De fato, a facilidade é apenas aparente, embora as crianças tenham um enorme potencial de criação ainda não dominado (ou domado, como se doma os leões) pelas exigências da sociedade. Para elas, assim como para os adultos, "o aumento dos possíveis consiste em eliminar uma a uma as limitações como se houvesse um retrocesso das impossibilidades subjetivas, ou o que é o mesmo, da supervalorização do real atual"[45], entendendo, de acordo com Piaget, o aumento de possíveis como sendo as possibilidades de criação.

Em atividades artísticas, as crianças estão colocadas no centro de um infinito intrincado de relações onde formas, traços, texturas, cores, ritmo e harmonia compõem uma verdadeira dança de invenções.

---

45. PIAGET, J. *Lo posible, lo imposible y lo necesario*, p. 116.

Se inicialmente as crianças não conduzem seu movimento e traço a fim de elaborar as formas desejadas, isto certamente não se deve a supostas coordenações motoras incompletas – posto que estão sempre em contínuo desenvolvimento – e sim à falta de experiência em atividades artísticas fundamentais para a construção do seu modo próprio de se expressar. A conduta do professor, ao propor atividades artísticas, deve proporcionar às crianças experiências significativas, desde que estas não impliquem a perda da mobilização infantil, caracterizada por uma propulsão desbravadora sempre em ação.

Por intermédio de sua ação desbravadora as crianças inventam continuamente concepções originais sobre o mundo, atitude poética que é própria dos artistas, uma vez que a arte não é um simulacro do real, mas a sua transformação.

Em arte, como em ciências, trata-se de reinventar, de transformar o real, alcançando-se assim uma comunhão entre as pessoas e o mundo.

De acordo com o crítico italiano e historiador da arte Giulio Carlo Argan, "o fato de que a unidade entre a estrutura do objeto e a estrutura do sujeito só pode ser alcançada na arte, na medida em que a arte é justamente a realidade que se cria a partir do encontro do homem com o mundo, demonstra a absoluta necessidade da arte em qualquer contexto social, antigo ou moderno, conterrâneo ou exótico. Uma civilização sem arte estaria destituída da consciência da continuidade entre objeto e sujeito, da unidade fundamental do real"[46].

---

46. ARGAN, G.A. *Arte Moderna.*

Muitos são os caminhos da arte e o que nesse caminhar foi produzido pelos artistas ao longo da história da humanidade, como, por exemplo, a música e a dança, o teatro e o cinema, e as artes visuais como o desenho, a pintura, a escultura e a fotografia.

Ritmo[47]

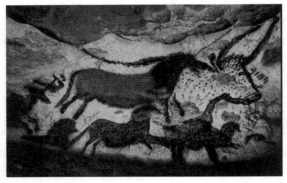

Pintura na caverna de Lascaux, cerca de 17.000 anos [http://lascaux.culture.fr/].

A questão central com a qual nos defrontamos é: Como um desenho, uma pintura ganha existência? As descobertas das cavernas de Lascaux e Chauvet[48], e as pesquisas inter-

→

---

47. No documentário *Foli (there is no movement without rhythm)* [http://www.youtube.com/watch?v=lVPLIuBy9CY] o narrador Malinke nos assevera: Tudo, tudo vem do ritmo! Afirma a certa altura que está certo que sua cultura não vai morrer, deixando-nos entrever que é o ritmo a espinha dorsal da vitalidade – e da própria existência – da cultura malinke [Acesso em jun./2014] [N.A.].

48. Sobre as cavernas de Lascaux (17.000 a.C) e Chauvet (31.000 a.C), Cf. os sites: http://www.culture.gouv.fr/culture/arcnat/chauvet/fr/ • http://www.lagrotte chauvetpontdarc.org/ • http://www.lascaux.culture.fr [Acesso em jun./2014].

disciplinares empreendidas sobre o que nelas foi encontrado, possibilitam compreender aspectos importantes dos desenhos e pinturas que hoje podemos contemplar. Em um dado momento as imagens ganharam existência, e isto se deve ao trabalho de uma ou mais pessoas, aquelas que atualmente chamamos artistas. O modo como desenhos nas cavernas e desenhos de crianças foram expressos depende de um fator comum: o ritmo. No capítulo "A história natural da forma" de seu livro *Arte como experiência* (2010), John Dewey nos mostra como uma experiência se realiza ritmicamente:

A interação do ambiente com o organismo é a fonte direta ou indireta de todas as experiências, e do meio provêm os bloqueios, as resistências, as promoções e os equilíbrios que, ao se encontrarem com as energias do organismo de maneiras apropriadas, constituem a forma. A primeira característica do mundo ambiental que possibilita a existência da forma artística é o ritmo. O ritmo existe na natureza antes da existência da poesia, da pintura, da arquitetura ou da música. Se assim não fosse, o ritmo como propriedade essencial da forma, seria meramente superposto ao material, e não uma operação pela qual o material realiza sua culminação na experiência (DEWEY, 2010, p. 279).

MONIQUE DEHEINZELIN. *Móbiles da ação: da cor à experiência estética.*

De uma maneira ou de outra, elementos da arte estão presentes na vida das crianças dentro e fora da escola; cuidaremos de trazê-los intencionalmente para perto das crianças, procurando integrar o modo de ser das crianças com o modo de ser dos caminhos da arte. A intenção é que resulte desse contato uma contínua ampliação das possibilidades de transformação do real, fenômeno ao qual damos o nome de criação.

3.1 Desenho, pintura, escultura, música, teatro, dança

Criações não são frutos de geração espontânea.

As artes plásticas – que alguns autores têm preferido chamar de artes visuais – ocupam um lugar privilegiado nas atividades que podem ser propostas às crianças, na medida em que estas demonstram um talento invulgar para desenhar, pintar, esculpir.

Na pintura temos a celebração da visibilidade pela captação de formas e luzes materializadas em massas de cores, à diferença do desenho, em que as formas são recortadas no espaço pelos traçados que as esculpem. Temos então diferenças notáveis entre o uso da linha e o uso das superfícies na composição das formas, diferenças entre o linear e o pictórico. Há desenhos pictóricos, bem como pinturas lineares, porém para nós educadores, o importante é ter clareza sobre as distinções para que possamos pensar em atividades que as levem em consideração. Pintar com canetas hidrográficas, por exemplo, é um contrassenso, uma vez que este é um material próprio para desenhar.

São características do desenho a observação do espaço contido pelo traço e do espaço exterior ao traço, as questões de ritmo, composição e harmonia das figuras – sua distribuição no espaço da folha de papel; as relações entre as figuras, a imagem mental que delas temos e o gesto com que as traçamos na superfície do papel. No Renascimento, o desenho foi uma espécie de pai das três artes: pintura, escultura e arquitetura; Leonardo da Vinci desenhava projetos para tudo que ele fazia (das engenhosas máquinas à *Mona Lisa*!). Em função de seu suporte habitual – o papel, talvez possamos dizer que o desenho é mais frágil que a pintura, que pode ser feita em telas, madeiras, paredes, com tintas que resistem a séculos e séculos, marcando a passagem do tempo.

A pintura contém as características do desenho e talvez por essa razão muitos pintores realizem esboços – desenhos em papel – das pinturas que farão posteriormente. Mas a pintura tem outros elementos que não são tão característicos do desenho, como as relações entre figura e fundo, os claros e escuros, as sombras e as luzes.

Na escultura, formas planas ou tridimensionais destacam-se de seu contexto, pelo ato de esculpi-las. Com esta definição incluímos o recorte e a colagem também como esculturas, uma vez que no recorte formas são retiradas de uma superfície de papel para depois serem coladas em outra superfície.

A colagem é um modo de proceder interdisciplinar, na medida em que podemos fazer colagens com pinturas, com desenhos e também no sentido escultórico a que nos referimos acima, como sobreposição de planos que revela construções.

Na arte contemporânea, os limites entre as diversas linguagens como o desenho, a escultura e a pintura são tênues, havendo uma forte tendência de quebra destes limites. Uma vez que as crianças têm um pensamento sempre atual, contemporâneo, e uma vez que a colagem, transitando entre as linguagens, ocupa um lugar de grande importância na arte do século XXI, ela ocupará certamente um lugar de grande importância nas atividades visuais propostas às crianças.

Nas esculturas tridimensionais as formas são retiradas da madeira ou da pedra, ou de uma massa de argila. Segundo o *Minidicionário Aurélio* (edição de 1985), a escultura é a "arte de plasmar a matéria entalhando a madeira, modelando o barro etc., para representar em relevo estátuas, figuras etc."; o desenho é "1) Representação de formas sobre uma superfície, por meio de linhas, pontos e manchas. 2) A arte e a técnica de representar com lápis, pincel etc., um tema real ou imaginário, expressando a forma. 3) Toda obra de arte assim executada. 4) Traçado, projeto" e a pintura "revestimento de uma superfície com matéria corante".

Importante para nós professores é estabelecer a diferença existente entre o ato de desenhar, pintar, modelar e o desenho, a pintura e a escultura como objetos de conhecimento – arte realizada por artistas ao longo da história da humanidade. Podemos nos aproximar dos objetos de conhecimento sem que necessariamente estejamos na prática das atividades artísticas. Isto abre perspectivas muito interessantes de trabalho com as crianças, na medida em que podemos investigar com elas os elementos da história da arte, usufruir da arte como observadores, e aqui, novamente, integrar os conhecimentos que as crianças já têm, o seu jeito espontâneo de criar formas e traçados, com as informações que, como educadores, fornecemos a elas.

A música é das artes a primeira, tanto na cronologia da história humana como na importância fundamental do lugar que ocupa em nossas vidas. As primeiras manifestações musicais tiveram por intuito produzir uma dupla paz: no coração dos homens por temor à natureza, e na própria natureza quando esta lhes parecia ameaçadora.

Os ruídos naturais como o trovão e o rugido das feras prenunciavam um mundo caótico; em contraposição ao caos, os sons ordenados configuravam um cosmos composto de ordem, correspondência, beleza. Os sons organizados (música) tiveram então um poder apaziguador de dominação da natureza.

Os homens antigos acreditavam que essa dominação era possível por intermédio de rituais que envolviam o sacrifício. Encontramos no livro *O som e o sentido*, esta outra história das músicas – escrita pelo professor e cancionista José Miguel Wisnik, a terrível e maravilhosa origem dos instrumentos musicais e de sua função simbólica: "Os instrumentos mais primitivos trazem a sua marca visível: as flautas são feitas de ossos, as cordas de intestinos, tambores são feitos de pele, as trompas e as cornetas de chifres. Todos os instrumentos são, na sua origem, testemunhos sangrentos da vida e da morte. O animal é sacrificado para que se produza o instrumento, assim como o ruído é sacrificado para que seja convertido em som, para que possa sobrevir o som (a violência sacrificial é a violência canalizada para a produção de uma ordem simbólica que a sublima)"[49].

A música lembra para nós sons primordiais que têm como referência as batidas do coração de nossa mãe, quando estivemos em seu útero. Os líquidos uterinos ampliam os sons do corpo humano e o bebê, aconchegado neste envelope sonoro, jamais se esquecerá dele, de tal forma que os sons ouvidos posteriormente remetem de alguma forma a este primeiro. Talvez por isso a música tenha poderes muito reconfortantes, colocando o ouvinte em uma espécie de redoma que pode propiciar a sensação de identidade, de integridade psíquica que tantas vezes nos foge das mãos.

Os sons organizados têm uma materialidade regular: cada emissão sonora é uma onda que atravessa o espaço segundo pulsos regulares. A materialidade do som tem características internas que podem ser investigadas separadamente, embora formem um todo poético indissociável.

De acordo com uma organização compilada pela Profa. Lígia Rezende Schmitt, da Escola da Vila, em São Paulo, as características estruturais da música podem estar organizadas em duas trindades:

---

49. WISNIK, J.M. *O som e o sentido, uma outra história das músicas*. Agradeço a José Miguel Wisnik as preciosas reflexões sobre música, proferidas em cursos e conferências, e que sempre foram para mim poderosa inspiração [N.A.]

1ª) Trindade

a) Melodia

- O que se canta, estruturado pelos diferentes intervalos e escalas musicais; está intimamente relacionado com as alturas.

b) Harmonia

- Determina a escolha dos acordes.
- É uma questão estética.
- Conceitua a música.
- Situa a música geográfica e historicamente.

c) Ritmo

- Determina as diferenças entre tempos métricos e não métricos.
- Refere-se à pulsação da música, intimamente vinculado ao pulso do coração, ao ritmo do andar de uma pessoa.
- A pulsação da melodia reflete-se no seu andamento, o qual produz o ritmo, que é um desenho cíclico de acentos repetidos.
- Cada compasso é uma racionalização dos itens anteriores, sendo composto de células e motivos rítmicos.

2ª) Trindade

a) Altura

- Registros que vão do mais agudo ao mais grave; temos no piano um instrumento dos mais versáteis que nos permite ouvir as nuanças dos agudos aos graves, nas teclas que as discriminam. Na voz humana encontramos estas possibilidades segundo os seus diferentes registros (soprano, contralto, barítono).

- As mudanças de escalas musicais manifestam-se em di-ferenças de alturas.

b) Intensidade

- É a variação do movimento, produzindo a dinâmica da música.

- É a força (fraca ou forte) das emissões sonoras; fazendo uma analogia física, a intensidade está para a música assim como a aceleração está para o movimento.

c) Timbre

- Refere-se às qualidades intrínsecas de cada instrumento e de cada voz.

- É interessante notar que na condução da orquestra o maestro rege com a batuta na mão direita a 1ª trindade e com a mão esquerda rege a 2^a.

Para o francês Lévi Strauss, fundador do estruturalismo na antropologia, "os tipos de engendramento aplicados (pelo compositor) aos doze semitons dispõem, para inscrever seus meandros, de um espaço de quatro dimensões definido pela altura, duração, intensidade e timbre"[50].

Assim como olhar não necessariamente é ver, escutar nem sempre é ouvir. É preciso, então, desenvolver a escuta musical, e o conhecimento das características internas da

---

50. Em seu livro *O cru e o cozido*, Claude Lévi-Strauss investiga mitos de algumas tribos indígenas brasileiras, "aproximando as operações do pensamento mítico, das operações da música, que, dentre as artes, é a que mais se parece a uma ciência, ao mesmo tempo em que é fonte de emoções incomparáveis", de acordo com o que podemos ler na contracapa da referida edição. O trecho citado está na p. 33.

música, bem como das semelhanças e diferenças entre os gêneros musicais.

A respeito da música, podemos fazer mais uma comparação: assim como fazemos uso da voz para falar, podemos fazer uso da voz para cantar. Para isso não precisamos necessariamente de uma aprendizagem intencional: basta que ouçamos outras pessoas a falar e a cantar. Entretanto, para escrever música, assim como para escrever textos, necessita-se dominar um sistema de signos e o seu funcionamento; no caso da notação musical, as notas da escala cromática dó, ré, mi, fá, sol, lá, si e novamente o dó da escala acima dispostas segundo as regras da partitura; no caso da escritura alfabética, as letras dispostas segundo as regras ortográficas. Para escrever música, assim como para escrever uma língua, é necessária uma aprendizagem intencional, socialmente transmitida. O uso de instrumentos musicais obedece a esta mesma necessidade. Como veremos adiante, nas estratégias de ensino e de aprendizagem, as atividades ligadas à música realizadas com as crianças terão que levar em consideração tanto as atitudes musicais espontâneas (incluídos os conhecimentos prévios das crianças) quanto o ensino de características e usos da linguagem musical.

Acreditamos que, hoje em dia, não cabe mais uma distinção entre música erudita e música popular, uma vez que, segundo o filósofo e letrista carioca Antônio Cícero, "a música popular que fazemos hoje é erudita. Nela já não temos mais a repetição de fórmulas consagradas, mas a busca do novo. A partir do momento em que música popular pode ser escrita –

e gravada – além de não ter mais que repetir o que foi dado, ela não deve repetir. E o novo é inerente à cultura erudita"[51].

Assim, trabalharemos com as crianças utilizando todo tipo de música – sobretudo aquelas que forem do agrado das crianças e dos professores – encontrando na música popular brasileira mimos e atenções para as mais variadas e exigentes sensibilidades.

No teatro, temos uma intersecção de diferentes linguagens: a literatura que origina o texto da peça teatral, a pintura, o desenho e a escultura na elaboração da cenografia, a música na trilha sonora, eventualmente a dança compondo a arte de representar dos atores. O específico do teatro estaria na arte de representar, em composição harmônica com todos estes fatores. Assim, embora o que chamamos de jogo de faz de conta das crianças tenha uma proximidade linguística com o teatro – uma vez que nele também se encenam mundos imaginários, ao propor às crianças atividades de teatro, teremos que partir de suas características internas, procurando integrá-las com as características internas do jogo simbólico infantil.

Jogos teatrais

Ingrid Koudela, na introdução à sua tradução do livro *Jogos teatrais na sala de aula*, de Viola Spolin, fala sobre a diferença entre a brincadeira de faz de conta e os jogos teatrais:

→

---

51. Entrevista a José Castello para o jornal *O Estado de S. Paulo*, 24/02/1992.

Na minha pesquisa, publicada com o título de Jogos teatrais (KOUDELA, 1984) ressalto a passagem do jogo dramático ou brincadeira de faz de conta para o jogo teatral que representa a transformação do egocentrismo em jogo socializado. O desenvolvimento progressivo da atitude de colaboração leva à autonomia da consciência, realizando a Revolução Copernicana (Piaget) que se processa no indivíduo, ao passar da relação de dependência para a autonomia.

A diferença estabelecida por Spolin entre dramatic play (jogo dramático) e theater game (um termo cunhado por Spolin que traduzimos por jogo teatral) propõe a inserção da regra no conceito de jogo. Consequentemente, o jogo teatral não pode ser confundido com o jogo dramático, na medida em que o jogo teatral pressupõe um conjunto de princípios pedagógicos que constituem um sistema educacional específico (p. 22).

"Na escola não se aprende normalmente através da experiência, mas por meio da didática (técnicas de organização do aprendizado). O aprendizado estético é o momento integrador da experiência. A transposição simbólica da experiência assume, no objeto estético, a qualidade de uma nova experiência. As formas simbólicas tornam concretas e manifestas as experiências, desenvolvendo novas percepções a partir da construção da forma artística. O aprendizado artístico é transformado em processo de produção de conhecimento."
INGRID KOUDELA. *Jogos teatrais na sala de aula*, p. 26.

A dança é irmã da música, dificilmente sendo concebida sem ela. O inverso talvez seja possível, isto é, escutarmos música sem nos movimentarmos (como p. ex., quando estamos ouvindo-a sentados na sala de concerto), ainda que a sensação que temos é que nossos órgãos, o sangue nas veias, a superfície da pele, tudo dança, embora estejamos externamente imóveis.

Na dança, os sons em movimento da música materializam-se nos arabescos que o corpo produz no tempo e no espaço cênico; enredos de intrincadas histórias ou os mistérios insondáveis da alma humana são expressos corporalmente em ritmo dançante.

Aproximando as crianças da dança, procederemos da mesma forma que, com os demais elementos da cultura, fazendo interagir os seus movimentos espontâneos com os modos de dançar que a nossa sociedade compôs e organizou.

Momentos de interação e de mútua criação são aqui mais que bem-vindos, quando crianças seguem ou imitam movimentos de adultos e adultos seguem ou imitam movimentos das crianças, regidos todos por uma mesma música[52].

3.2 Objetivos de ensino e de aprendizagem

Relações entre desenvolvimento e aprendizagem.

• Construção de sistemas de representação em atividades artísticas.

---

52. Cf. ótimo exemplo em http://www.ebaumsworld.com/video/watch/84132920/ [Acesso em jun./2014].

- Apropriação simbólica de elementos da história da arte.
- Ensino e aprendizagem do uso de técnicas e materiais diversos.

Para refletir sobre os objetivos acima é preciso relembrar a questão colocada na introdução ao projeto curricular, sobre as relações entre desenvolvimento e aprendizagem, e como isso é trabalhado dentro de diferentes projetos pedagógicos, os quais chamamos, para esta discussão, de escola tradicional e escola alternativa. Defendemos, naquela reflexão, a necessidade de integrar o modo de ser das crianças com os objetos de conhecimento, de forma que possibilite apresentar a elas os diversos elementos culturais, sem que isso se torne, no entanto, uma mera imposição mecânica de conteúdos. Vamos agora considerar os objetivos de ensino e aprendizagem de artes dentro dessa reflexão, isto é, investigar como eles se situam do ponto de vista do desenvolvimento, do ponto de vista do ensino mecânico de técnicas ou conteúdos e do ponto de vista que pretendemos ser construtivista.

Tomando-se o desenho como exemplo, na escola tradicional vemos a aprendizagem de técnicas artísticas baseada em modelos, sejam modelos ao vivo, modelos geométricos, ou modelos mimeografados, como por exemplo, as margaridas ou palhacinhos que a criança deve colorir exatamente como a professora mandar.

> ## Fazendo escola? — A questão
>
> Houve um tempo em que o ensino de arte era acadêmico e tinha orgulho de ser. Baseado na observação da natureza e na imitação da arte existente, o lento aprendizado de um futuro pintor ou escultor se dava principalmente pela aquisição de um saber fazer técnico sujeito a restrições culturais específicas. Desenhava-se a partir de um modelo vivo e estudava-se anatomia; era assim que o olho e a mão se exercitavam com o apoio de um conhecimento humanístico. Não se confundia arte com saber fazer e o que se admirava no artista sucedido não era a habilidade, mas o talento. A habilidade pode ser ensinada, já o talento, não. Era um dom da natureza, desenvolvido ou expresso em conjunto de regras, convenções e códigos fixados pela tradição e incorporados pela habilidade.
>
> THIERRY DE DUVE. *Fazendo escola (ou refazendo-a?)*, p. 41.

Na escola alternativa abre-se todo espaço para o desenho livre, sem os constrangimentos dos desenhos mimeografados que impedem a expressão e os percursos criadores das crianças. Aqui, cada criança deve desenhar o que quiser, da forma que quiser. Privilegia-se os processos de realização dos trabalhos e não o produto final; para tanto, os professores devem conhecer as etapas evolutivas do desenho infantil, devendo respeitá-las como necessárias na construção das figuras feitas pelas crianças.

Vários autores descreveram essas etapas evolutivas; neste caso usarei como referência a nomenclatura de Viktor Lowenfeld em seu livro *A criança e sua arte*[53], segundo a qual a primeira fase do desenho é a garatuja, onde as crianças realizam movimentos tendendo ao círculo, observando os traçados que seus gestos produzem, coordenando progressivamente movimento e olhar. Pouco a pouco as crianças começam a desenhar círculos e bolinhas, realizando com elas uma série de investigações topológicas (dentro/fora, perto/longe, direita/esquerda, em cima/embaixo). Destes círculos e bolinhas começam a sair longos filamentos, compondo as primeiras figuras humanas características do pré-esquema. Nas representações pré-esquemáticas, as crianças desenham o que sabem das coisas e não o que veem na realidade; nelas as figuras não têm entre si relações espaciais ou de significados, nem tampouco são proporcionais. Assim é que no pré-esquema casas, árvores e pessoas podem estar voando e as estrelas podem estar na linha de terra, o filho criança pode ser maior que o pai adulto e criaturas do mar podem estar misturadas com as criaturas da floresta. Entre esta fase e a seguinte, algumas crianças utilizam diagramas, que são aglomerados de formas redondas ou angulosas com as quais vão preenchendo a superfície de papel, como se assim pudessem conhecê-la verdadeiramente. Finalmente temos a fase do esquema, que é um desenho mais próximo a um desenho rea-

---

53. LOWENFELD, V. *A criança e sua arte*. Ainda do mesmo autor, em colaboração com L.W. Brittain, *Desenvolvimento da capacidade criadora*.

lista, com linha de terra e linha de céu, as figuras proporcionais e colocadas em seus devidos lugares, coerentes com o tema eleito pela criança.

Eva (6; 5). Sorte para meu primo Benjamim (Monique Deheinzelin).

O objetivo de ensino e de aprendizagem da escola alternativa é favorecer o percurso criador dos alunos, possibilitando que eles passem das garatujas aos pré-esquemas, destes aos diagramas, para então chegarem aos esquemas. Para isto a escola deve oferecer a eles materiais diversos, que devem ser utilizados pelas crianças sem intervenção direta do professor. É aqui que se situa o desenho livre, atividade na qual parte-se do pressuposto que a criação artística é um fruto de geração espontânea.

Criatividade

Em seguida, o ensino de arte foi afetado pela vanguarda. Como os modelos do passado não eram mais confiáveis, já que a observação e a imitação não eram mais capazes de fornecer as bases do aprendizado, o ensino de arte teve que partir em busca de suas raízes ao mesmo tempo naturais e culturais.

De acordo com a psicologia da percepção, a Teoria da Gestalt, por exemplo, julgava que a capacidade de perceber já é por natureza cultural, e a percepção, por assim dizer, é uma capacidade de leitura fundamental ou primária. Como resultado, a imaginação deveria ser uma capacidade de escrita não menos fundamental. *Criatividade* é o nome, o nome moderno que se dá à combinação de duas faculdades inatas que são a percepção e a imaginação. Todo mundo é dotado disso, e quanto mais ela fica abandonada ao estado de mera faculdade, maior é o seu potencial. Uma criança, um artista primitivo tem mais criatividade do que um adulto culto. Mais tarde o artista promissor, o estudante de arte ideal, foi representado como uma criança cuja capacidade natural de ler e escrever o mundo visual está apenas à espera de ser extraída do potencial que já tem. Foi preciso encontrar meios apropriados.

THIERRY DE DUVE. *Fazendo escola (ou refazendo-a?)*, p. 43.

Do ponto de vista desta proposta curricular, nenhum desenho é livre de influências técnicas, das influências de outros desenhos desta ou de outras épocas. Fayga Ostrower (1920-

2001) em seu livro *Criatividade e processos de criação*, nos esclarece que "ao lidar com as tradições vivas de sua época, ao revivê-las a nível pessoal e ao observar as influências que lhes dizem respeito, as crianças conseguem reformular essas influências de tal modo que em sua obra a forma expressiva surge como algo novo, totalmente novo, como se fora visto por uma primeira vez, estranhamente transformada em visão única e universal".

Simulação

A simulação é um método de aprendizagem, não um objetivo. Não vamos lhe ensinar a ser um artista, vamos lhe ensinar a fazer como se você fosse tal artista, em seguida tal outro, como se você pertencesse a tal cultura, depois tal outra, em tal época, então tal outra, para que ao simular isso você assimile. A simulação é, naturalmente, uma forma de imitação. Mas, ao contrário da imitação, a simulação não freia a invenção, ela está fora do plano formal. Seu papel não é disciplinar, é o de despertar os sentidos latentes cuja fonte não está no indivíduo e sua criatividade, mas na tradição simulada.

THIERRY DE DUVE. *Fazendo escola (ou refazendo-a?)*, p. 76-77.

Lembremo-nos do que havia afirmado anteriormente, que toda criação é uma transgressão, que o que se transgride são as regras, normas e pertinências de um sistema, e entenderemos os objetivos de ensino e de aprendizagem, segundo os quais aproximaremos o modo de ser das crianças com os modos de ser das artes; respeitaremos a expressão criadora das primeiras, colocando à sua disposição informações sobre as segundas. Em outras palavras, nós educadores deveremos criar um espaço de intervenção pedagógica no qual desenvolvimento e aprendizagem constituam-se mutuamente.

3.3 Estratégias de ensino e de aprendizagem

Importância da intervenção pedagógica.

- Atividades de desenho, pintura, escultura, música, dança e teatro.

As atividades de desenho, assim como as demais atividades em artes, obedecem sempre a um planejamento subordinado às intenções pedagógicas do professor. Neste sentido, as atividades propostas não são livres, mas sim têm graus variáveis de abertura ou de fechamento. Por exemplo, o desenho sem tema proposto pelo professor é mais aberto do que o desenho sobre um tema sugerido; entretanto não é totalmente aberto, uma vez que o formato do papel e o tipo de lápis oferecido para as crianças abrem algumas possibilidades de trabalho e fecham outras.

Uma vez que falei em tipos de lápis, aproveito para sugerir aos professores que utilizem lápis de marceneiro (aquele largo, sextavado, próprio para marcar madeira) para que as crianças possam com ele desenhar, pois são baratos, macios, duráveis, resistentes e produzem um belo traçado, nítido e forte, permitindo ainda a realização de sombras e esfumaçados – recursos dos lápis que precisam ser explorados pelos professores.

Escala de cinzas[54]

Os lápis pretos são instrumentos capazes de produzir muita magia. Quando macios, produzem traço em infinitas nuanças, ou gradações de cinzas, que vão do mais clarinho possível (para aquela grafite) ao mais escuro a depender da força com a qual apoiamos a ponta do lápis no papel. Em uma tira de papel experimente traçados indo de um extremo ao outro do papel; primeiro indo do mais claro ao mais escuro, da extrema leveza da mão até toda sua força. E depois, indo do mais escuro ou pesado possível para o mais leve. O segredo consiste nas variações internas que a mão é capaz de originar nas transições da escala de cinza. Pois os tons diversos correspondem à nossa possibilidade interna de graduar os sentimentos. Se uma pessoa é 8 ou 80, tende a ir do claro ao escuro em dois tempos! Mas se você se propuser a suavizar sua escala – procurando traçar maior variedade de tonalidades, verá que um sentimento mais ameno invadirá sua alma. Se fizer sua tabela de cinzas todas as manhãs, comparando-as com as anteriores e tomando consciência do que precisa mudar, em um mês terá se tornado pessoa de grande flexibilidade afetiva.

Além disso – se não fosse pouco, para desenhar os recursos que o lápis preto oferece podem resultar em gradações de cor, em efeitos luminosos de grande efeito. Observe esta gravura do pintor e gravador holandês Rembrandt van

→

---

54. Texto extraído de DEHEINZELIN, M. *Conhecimento de si, conhecimento do mundo – Fundamento e prática na Educação Infantil* [no prelo].

Rijn (1606-1669)[55], um autorretrato realizado em 1648, de acordo com o que lemos na assinatura no canto esquerdo superior. Da claridade da janela, ao escuro do fundo da sala, há uma sutilíssima gradação de tonalidades de cinza que nesta gravura em metal são obtidas de duas maneiras: sobrepondo vários tracinhos; graduando a força da mão no instrumento que sulca o metal, de modo que resultem mais profundos e produzam traço mais escuro.

Lembremos que na gravura em metal traçados são indeléveis, não podem ser apagados ou corrigidos. E que, quando o artista — mestre inconteste da gravura! — queria representar, por exemplo, uma paisagem, as figuras que estão mais atrás, no fundo da imagem, vêm de um traço leve, fininho, e vão se adensando para chegar ao primeiro plano. O trabalho é realizado ao inverso do que se vê, a construção da imagem indo de trás para frente.

Rembrandt van Rijn. *Autorretrato*, 1648 [www.rembrandtonline.org]. →

---

55. Para conhecer a obra deste grande artista, cf. http://www.rembrandtonline.org/ onde esta consta na íntegra [Acesso em set./2014].

De modo que realizar tabelas de cinza, ou desenhos com o máximo possível de tonalidades de um mesmo lápis, nos possibilita expressar nossas emoções – como os objetos desenhados nos afetam e, ao mesmo tempo, as modula ou ameniza. Tornamo-nos melhores! Sem a pretensão de sermos Rembrandt podemos aprender algo dos procedimentos que ele criou.

3.3.1 Desenho

As atividades livres de desenho são aquelas em que as crianças, individualmente, ao sentir necessidade de desenhar escolhem o suporte (papéis) e os lápis ou canetas. São momentos fora daqueles que o professor organiza com toda turma.

Eva (4; 5). *Desenho para mamãe*. Pastel seco sobre papel grande de flip chart (Monique Deheinzelin).

Diferentes das atividades livres são aquelas organizadas pelo professor, segundo alguma intenção didática. É impossível esgotarmos aqui as infinitas possibilidades de atividades em desenho que podem ser propostas às crianças. Farei referência a algumas delas, que na experiência de alguns professores foram bem-sucedidas, fazendo uma observação: as atividades podem sempre ser criadas pelo professor, o qual, se possível, deve experimentar fazê-las antes de oferecê-las para as crianças.

a) Atividades em que as crianças refazem seus próprios traçados

Em uma folha retangular bem pequena (do tamanho de um caderninho de telefones), pede-se que as crianças façam um desenho – aquele que lhes aprouver. Em seguida, em uma folha bem maior, as crianças deverão copiar seu próprio desenho, refazendo-o em escala maior. Ou então inversamente, as crianças desenham na folha retangular grande e depois redesenham no retângulo pequeno. Ou ainda, uma única folha é dividida ao meio com um traço vertical, e propõe-se às crianças que façam o mesmo desenho à esquerda e à direita do traço. Nestas propostas as crianças têm oportunidade de fazer uma reflexão sobre o seu próprio desenho organizando mentalmente e no papel os problemas de espaço (direita/esquerda, em cima/embaixo etc.) e de escalas que desenhistas de qualquer idade sempre enfrentam.

b) Atividades relacionadas com a estereotipia

No caso de estereotipia – que são os desenhos sempre iguais, em motivos ou forma de representá-los, como por exemplo a casinha sempre idêntica, o sol como uma carinha sorridente no canto da folha, a menininha sempre com as mesmas trancinhas etc. – o professor pode fazer uma pesquisa com as crianças, investigando na sala de aula, nos arredores da escola, em livros e revistas, diferentes tipos de sol, de casas, de meninas etc., chamando a atenção das crianças para os detalhes destas coisas. Em seguida o professor faz dois traços perpendiculares na folha de papel, dividindo-a em quatro retângulos. A proposta é que em cada um deles cada criança faça um sol, ou uma figura humana, ou uma casa, ou..., diferentes entre si, investigando assim as diversas formas de representar os objetos. Outras possibilidades de se expressar podem ganhar existência quando simplesmente mudamos o material disponível. Por exemplo, acrescentando à tinta guache, areia e cola branca, o que vai impedir o domínio em pintar formas já conhecidas e abrir espaço para se aventurar no desconhecido.

c) Atividades de observação

É sempre muito interessante propor às crianças que façam desenhos de observação. Por exemplo, a professora pode montar uma natureza morta em sua mesa: frutas, garrafas e quaisquer outros objetos dispostos de forma harmoniosa, formando um bonito conjunto, e propor que as crianças desenhem o que estão vendo sobre a mesa. Se possível, mostrará em livros como tantos e tantos artistas, ao longo da história da arte, desenharam naturezas mortas.

A mesma proposta pode ser feita com quaisquer outros motivos: fazer o retrato do amigo, desenhar a escola vista de dentro, a escola vista de fora, o barquinho que vai passando ali no mar etc. Naturalmente, nesta como em qualquer das propostas, cada criança desenhará do seu jeito, das mais variadas formas – nem sempre muito semelhantes ao original. Importa é que as crianças entendam a proposta e possam entregar-se de corpo e alma à sua realização. Os nexos entre os modelos e os trabalhos das crianças serão captados pelo professor, o qual certamente ficará maravilhado com as produções criadas.

d) Atividades com intervenções gráficas na folha de papel

Nestas atividades as crianças já encontram um ponto de partida no tema de seu desenho. Por exemplo, a professora propõe um tema, digamos, que as crianças desenhem bichos – aqueles que mais gostam, quais quiserem, aqueles que foram vistos em um livro ou revista na roda que antecedeu à atividade de desenho etc.

Além de temas explicitamente sugeridos, podemos fazer sugestões gráficas que permanecem tematicamente em aberto. Por exemplo, quando as crianças estão passando da garatuja ao pré-esquema, damos a ela uma folha onde está estrategicamente (digamos, no alto da folha) desenhado um círculo. Sem que indiquemos nada à criança é natural que a partir daquele círculo ela tente desenhar uma pessoa.

Para favorecer a imagem mental da figura humana, podemos ainda recortar de uma revista metade de uma pessoa (da cintura para cima, ou verticalmente, segundo uma linha que vai do nariz ao entre calcanhares), colar esta metade em uma folha de papel e pedir que cada criança continue a figura. Esta mesma proposta poderá ser feita com meio-cavalo, meia-casa, meio-barco etc.

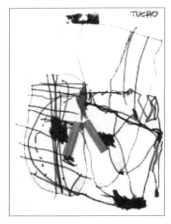

Crianças em torno aos 4 anos de idade solucionam de forma diferente a intervenção com retalho de tecido e recortes de embalagem de lâmpada elétrica. Escola da Vila, 1986 (Monique Deheinzelin).

Estas propostas envolvem bastante trabalho do professor, pois terá que preparar folha por folha para cada um de seus alunos; precisará também de revistas velhas, sucatas a serem recicladas.

Na folha de papel, o professor poderá reproduzir qualquer pedaço de desenho e pedir que as crianças continuem. Por exemplo, copiar cabeças de charges que saem no jornal. Então as crianças continuarão o desenho a partir da cabeça. Ou então colocamos na folha apenas um chapéu lá em cima, ou um par de sapatos cá embaixo, ou um guarda-chuva, ou uma mesa, enfim qualquer imagem que pareça interessante para o professor, sempre tendo o cuidado de deixar bastante espaço para o desenho e a criação das crianças.

Colocar na folha de papel ambientes ou móveis em perspectiva, pedindo que as crianças desenhem em cima deles, cria problemas espaciais muito interessantes que cada criança solucionará à sua maneira. Eis aqui um domínio de diversão assegurada – para as professoras e para as crianças, este de inventar intervenções gráficas e formas de solucioná-las!

Ah!, sim, não nos esqueçamos das intervenções feitas a partir dos desenhos das crianças da sala. Pega-se um desenho de uma das crianças reproduzido, por exemplo, no canto esquerdo da folha de papel, reproduz-se a folha assim composta para todas as crianças, e elas deverão continuá-lo a partir deste ponto.

Nestas atividades o objetivo é dar a todos elementos que sejam estruturantes para a construção individual do desenho.

e) Atividades sem intervenção pedagógica direta

Nestas atividades as crianças escolhem o que e como querem desenhar. Nenhuma atividade é totalmente livre, pois necessariamente sofre restrições de alguma ordem. Porém, é muito importante que o professor saiba dosar atividades mais abertas com as mais fechadas, de maneira tal que as crianças possam beneficiar-se de suas conquistas gráficas nas atividades espontâneas.

Um sistema muito interessante de atividade mais aberta é a oficina, na qual o professor dispõe em cada mesa materiais diferentes e cada criança escolhe onde quer trabalhar.

Quando o professor dá uma atividade de desenho com lápis preto, ou com giz de cera, ou com caneta hidrográfica, ou com carvão etc., é importante que ele saiba as diferenças técnicas que estes materiais configuram, para que possa planejar a atividade com intuitos explícitos: não é a mesma coisa desenhar com caneta ou com lápis; por que este e não aquele? São decisões do professor.

Sei da enorme dificuldade que grande parte dos professores têm para conseguir material de trabalho e não estou passando por cima desta carência; apenas procuro dar alternativas de trabalho, pois com ideias interessantes talvez possamos sair do círculo vicioso pobreza/má qualidade na educação, dando o acesso democrático ao conhecimento que todos nós necessitamos. Pode-se desenhar em outras superfícies que não uma folha de papel, usando, por exemplo, conchinhas na areia, ou pedrinhas e folhinhas sobre a terra, ou sementes sobre a mesa, e assim por diante. Estes trabalhos podem ser efêmeros, ou mais duradouros se colarmos as conchinhas ou sementes em uma cartolina ou papelão.

3.3.2 Pintura

Nas atividades de pintura usaremos massas de cores. Como vimos, essas massas são combinadas, de modo que formas destacam-se no primeiro plano ou aninham-se em segundo plano. Assim, é importante trabalharmos na pintura com os diversos planos, com as tensões entre figura e fundo.

Trabalhando com tintas inventadas, isto é, fabricadas junto com as crianças a partir de matérias disponíveis na natureza; com anilina dissolvida em água; com pó de pintor misturado à cola branca; com pigmentos obtidos da natureza – como terra peneirada, urucum, café, água do cozimento de beterraba etc.; com tinta guache ou nanquim, os alunos poderão investigar as propriedades da pintura.

Nas artes plásticas a constância é fundamental, e quanto mais trabalhamos com uma técnica, mais domínio temos sobre ela e, portanto, mais prazer temos com a nossa própria produção. Para favorecer este aspecto, o professor poderá realizar com as crianças trabalhos em etapas. Por exemplo, em um dia pinta-se toda superfície da folha, como fundo, colocando-a para secar; no outro dia pintam-se as figuras que se destacarão do fundo; e finalmente, no terceiro, o acabamento final: algumas cores que a criança ainda queira colocar ou conchinhas, pedacinhos de barbante ou recortes de jornal que ela queira colar na pintura[56].

O trabalho em etapas pode estar localizado no planejamento do professor, que um dia fornece apenas tinta preta, no outro, branca e preta, no terceiro mais o azul e o ver-

---

56. Cf., p. ex., TATIT, A. & MACHADO, M.S.M. *300 propostas de artes visuais.*

melho, de tal maneira que as crianças possam conhecer os recursos das tonalidades e combinações das cores.

Luz e cor

A cor nos coloca frente a um problema fenomenológico – sem a presença do observador, sem o engajamento de sua sensibilidade, o fenômeno simplesmente desaparece. Para a manifestação do fenômeno da cor, mais que a aliança entre céu e terra que biblicamente sugere o arco-íris, é preciso uma conexão tríplice entre observador, objeto e luz.

A partir daí, é possível definir cor como qualificação ou atribuição sensível, individual, a fenômenos de interação entre os componentes da luz e os pigmentos que colorem a superfície de objetos, sejam eles orgânicos ou artificiais – químicos. A cor é, portanto, um fenômeno complexo, uma vez que a sua percepção, ou sensação colorida depende: de qualificações neurofisiológicas do observador, como este é afetado psicologicamente por gamas cromáticas, sua sensibilidade às cores; do feixe luminoso incidente sobre um objeto, e neste trabalho somos observadores sob feixes de luz branca; e da textura, qualidade e distribuição de pigmentos no objeto observado. A luz branca é composta, como sabemos, pelas sete cores do arco-íris. Este é um fenômeno resultante da difração da luz branca do sol em gotículas de água, no espectro visível correspondente a vermelho, laranja, amarelo, verde, azul, anil e violeta.

Um tomate, por exemplo, pode ser visto como vermelho, porque os pigmentos de sua superfície absorvem todas

> as cores do espectro visível com exceção do vermelho, que é refletido e captado por nossa retina. A cor sentida é o reflexo das que não são absorvidas pelo objeto. Em outras palavras, o que se vê é aquilo que o objeto não incorporou à sua estrutura cromática.
>
> MONIQUE DEHEINZELIN. *Móbiles da ação: da cor à experiência estética.*

É interessante investigar com as crianças o modo como diferentes artistas solucionaram os problemas entre figura e fundo. Por exemplo, os fundos das pinturas de Henri Matisse são tão importantes quanto as figuras: cortinas cheias de flores, tapetes cheios de mosaicos, cores tão fortes – amarelos, verdes, azuis e sobretudo vermelhos – como aquelas usadas na composição da moça que está sendo retratada. Para o pintor holandês Vincent Van Gogh, os céus são espirais atormentadas e os campos de trigo brilham dourados; os seus fundos têm grande importância na pintura, mas não disputam o primeiro plano como na pintura de Henri Matisse. E finalmente na pintura do catalão Joan Miró, os fundos são fundos, servem de suporte para as figuras do primeiro plano. Dispondo de livros e de imagens da internet com reproduções de trabalhos destes e de outros pintores, o professor poderá fazer com as crianças um estudo destas pinturas, no que se refere às relações entre figura e fundo, e depois propor atividades em que as crianças farão fundos à maneira de Matisse, à maneira de Miró etc.

Um outro modo de investigar as relações entre figura e fundo é chamar a nossa atenção para os espaços negativos, isto é, os espaços "em branco" entre as figuras, ali onde não há imagens. Como se retirássemos de um quadro as figuras, e pintássemos o que sobrou.

Em toda cidade há pintores e o professor poderá ir com seus alunos visitar a sua oficina de trabalho, ou convidá-lo a vir conversar e pintar com as crianças na sala de aula. Enfim, trata-se aqui de integrar as formas de pintura espontâneas das crianças com a bagagem de pintores mais experientes, sempre tendo em vista o favorecimento do percurso criador de cada criança.

3.3.3 Colagens e esculturas

No desenho, na pintura e na escultura trabalharemos com recortes e colagens, no plano e no espaço com formas tridimensionais. Colagens são excelentes exercícios de ritmo, composição e harmonia em artes plásticas. Sendo assim, o professor poderá fazer um projeto – um trabalho em etapas –, no qual as crianças farão diversos tipos de colagens com diferentes materiais, principalmente com recortes de papel colorido. Por exemplo, iniciando com quadrados e triângulos, depois só círculos, depois os círculos com os quadrados, depois tiras, em seguida as tiras mais as formas anteriores, depois figuras recortadas de revistas, e assim sucessivamente. A cada passo o professor avalia a produção das crianças para pensar o que propor a elas no dia seguinte.

As propostas do item a) das atividades de desenho podem ser feitas também na colagem plana, bidimensional.

a) Colagens tridimensionais

As colagens tridimensionais são feitas com sucatas, normalmente embalagens de pasta de dente, sabão em pó, rolos de papelão etc. e se aproximam da escultura. O trabalho com sucata é difícil, pois o material não é bonito e maleável, necessita ser muito trabalhado para que se consiga bons resultados com ele. É necessário planejar com as crianças, por exemplo, a realização de um trabalho conjunto como fazer a maquete de uma cidade. Escolher então um suporte, prepará-lo, nele pintar as ruas, colar as casas e prédios, pintá-los, fazer as antenas de televisão (com palitos de picolé...), fazer os carros e outros meios de transporte (com caixas de fósforos, rolhas e arames), eis aqui trabalho para mais de um mês. Muito interessante é associá-lo ao trabalho com padrões de medida, a que me referi ao citar a matemática. Se um pedaço de barbante vale um, a caixa de Maizena® tem a altura de quatro unidades de barbante, e a caixa de pasta de dentes tem a altura de 1,5 unidade de barbantes, qual das duas pode melhor representar o prédio da Rádio Excelsior, que é o mais alto de nossa cidade?

Brinquedos muito lindos podem ser feitos como esculturas com sucatas e muitas vezes as crianças são, fora da escola, mestres nestas realizações. Com latas, pneus, canos, panos, sabugos de milho, tampinhas de garrafa etc., foguetes, carrinhos, bonecas são produzidos com encantamento. O professor poderá fazer uma pesquisa nas tradições da cultura popular e instrumentalizar as crianças para fazerem seus próprios brinquedos.

b) Esculturas moldáveis

Ainda temos pela frente as esculturas moldáveis, notadamente aquelas feitas com massa ou com argila (barro). Existe uma argila própria para escultura, assim como existem massinhas vendidas como brinquedo. Se a primeira é muito boa, valendo o empenho para consegui-la, a segunda é muito ruim e não serve para as situações em sala de aula.

Com as crianças menores, de dois, três, quatro anos de idade, a modelagem com massa própria para modelagem é uma boa atividade. Para crianças maiores aconselha-se a argila. Com esta última, duas técnicas são possíveis: ou molda-se a forma desejada de um único pedaço (como fazem os escultores que esculpem na pedra), ou se faz uma figura a partir de uma série de pedacinhos moldados, como por exemplo uma bolinha para a cabeça, duas cobrinhas para as pernas, e assim por diante. Neste caso é preciso "costurar" as partes: com um palitinho, risca-se um xadrez na junção das partes, molha-se o dedo na água, passando-o sobre o xadrez para alisá-lo. Uma vez seco o trabalho em argila é preciso pintá-lo, e a tinta ideal para isso é a cola branca misturada com anilina, guache ou com pó de pintor: ela dá um acabamento brilhante e não deixa que a escultura se quebre facilmente.

c) Desenhos, pinturas e esculturas podem ser feitos por grupos de crianças em trabalhos coletivos com os quais se chega a um único produto. Para isto é necessário planejamento e muitos combinados entre as crianças, constituindo-se assim em um bom exercício de cooperação.

Oficinas de trabalho em artes podem ser oferecidas às crianças, da forma descrita nas atividades de desenho, constituindo um excelente campo de interdisciplinaridade.

3.3.4 Música e dança

Com música e dança, cantar e dançar a granel. Ouvir música (levar um rádio para a sala de aula pode propiciar escutas interessantes; mp3 ou outros suportes digitais possibilitam montar uma biblioteca musical daquele grupo de crianças) fazendo estudos sobre suas características internas (as duas trindades às quais me referi ao descrever a música). Tocar instrumentos para e com as crianças sempre que possível. Convidar músicos para conversar, tocar e cantar na escola. Usar e abusar de todos aqueles que nos emprestam sua festa, isto é, os cancionistas da música popular brasileira, sem sombra de dúvida o que temos de melhor em nosso país.

Muitos são os caminhos da música e da dança, sobretudo em se tratando de um povo tão soberanamente musical como é o povo brasileiro. Entretanto, até mesmo por sua larga disseminação, sou obrigada a fazer críticas ao uso da música em repetições obsessivas que marcam momentos da rotina de trabalho, ou ainda as datas comemorativas. Ao realizar com as crianças trabalhos sobre música é preciso evitar algumas práticas, sobretudo para não recair na repetição mecânica das mesmas canções. Cantar sempre as mesmas canções na hora de lavar as mãos, ou merendar, ou... e comemorar o dia do índio ou a Páscoa com idênticas canções podem transformar a música – este nosso aconchegante envelope sonoro – em um autêntico pesadelo.

A escolha do repertório

Teca Alencar de Brito, em seu livro *Música na Educação Infantil*, discute a questão da escolha do repertório de canções a serem trabalhadas com as crianças:

[...] a escolha do repertório de canções deve privilegiar a adequação da melodia, do ritmo, da letra e da extensão vocal, ou seja, a tessitura. É aconselhável aproveitar as contribuições que as próprias crianças trazem, o que não significa trabalhar apenas com as músicas veiculadas pela mídia, que costumam ser, infelizmente, as menos indicadas para a realização do trabalho.

A cultura popular e, especialmente, a música da cultura infantil são ricas em produtos musicais que podemos e devemos trazer para o ambiente de trabalho de creches e pré-escolas. A música da cultura popular brasileira, e por vezes, de outros países, deve estar presente. Cada região de nosso país tem suas próprias tradições: bumba-meu-boi, no Maranhão, boi-bumbá, no Pará, boi-de-mamão, em Santa

→

Catarina; o maracatu, em Pernambuco e no Ceará; reisados, congadas, jongo, moçambiques, pastoris, cavalo-marinho; frevo, coco, samba, ciranda, maculelê, baião, enfim, um universo de ritmos, danças dramáticas, folguedos, festas, com características e significados legítimos. Mediante a pesquisa em livros, meios audiovisuais e, principalmente, pelo contato direto com grupos, sempre que possível, pelo canto, pela dança, pela representação, estaremos ampliando o universo cultural e musical e estabelecendo, desde a primeira infância, uma consciência efetiva com relação aos valores próprios da nossa formação e identidade cultural.

De acordo com Lala Deheinzelin[57], o som é dança, uma vez que é uma, ou várias, ondas propagando-se no espaço. E a dança é a arte do movimento. Na dança há uma integração rítmica entre ser, estar e sentir ocasionando uma sensação de plenitude. Neste sentido, a dança pode ser um ótimo instrumento para desenvolver nas crianças a capacidade de síntese. Por exemplo, em brincadeiras dançantes, as crianças poderão realizar movimentos que tenham uma analogia, uma relação de semelhança, com os movimentos da natureza. Segundo Lala, certa vez um astrônomo disse que no universo tudo está em movimento, pois sem movimento não existe equilíbrio, e, portanto, vida. Sendo assim, dançando celebra-se a vida.

---

57. Tendo sido atriz e bailarina, hoje Lala é futurista e autora do livro *Desejável mundo novo – Vida sustentável, diversa e criativa em 2042* [http://www.desejavel mundonovo.com.br/ – Acesso em jun./2014].

3.3.5 Teatro

O teatro é arte milenar e múltipla, na qual se observa a intersecção de diversas linguagens: a música, a pintura e a escultura (na elaboração dos cenários), a literatura (na elaboração do texto da peça), a dança, linguagens que se interpenetram em cena, compondo as artes cênicas. Com quatro anos de idade, minha mãe levou-me para assistir *Pluft, o fantasminha*, uma experiência inesquecível.

Pluft, o fantasminha

María Clara Machado (1955)

(Cenário: Um sótão. À direita uma janela dando para fora, de onde se avista o céu. No meio, encostado à parede do fundo, um baú. Uma cadeira de balanço. Cabides onde se veem, pendurados, velhas roupas e chapéus. Coisas de marinha. Cordas, redes. O retrato velado do Capitão Bonança. À esquerda, a entrada do sótão. Ao abrir o pano, a Senhora Fantasma faz tricô, balançando-se na cadeira, que range compassadamente. Pluft, o fantasminha, brinca com um barco. Depois larga o barco e pega uma velha boneca de pano. Observa-a por algum tempo).

PLUFT: Mamãe!

MÃE: O que é, Pluft?

PLUFT (Sempre com a boneca de pano): Mamãe, gente existe?

MÃE: Claro, Pluft. Claro que gente existe.

→

> PLUFT: Mamãe, tenho tanto medo de gente! (Larga a boneca.)
>
> MÃE: Bobagem, Pluft.
>
> PLUFT: Ontem passou lá embaixo, perto do mar, e eu vi.
>
> MÃE: Viu o que, Pluft?
>
> PLUFT: Vi gente, mamãe. Só pode ser. Três.
>
> MÃE: E você teve medo?
>
> PLUFT: Muito, mamãe.

No centro da cena os atores representam comédias e tragédias, revivendo em cada apresentação luzes da condição humana. É importante que façamos uma distinção entre o jogo – o faz de conta espontâneo da criança, e a montagem coletiva de uma peça teatral. Ambos são bem-vindos em salas de aula, suas linguagens têm muitos pontos semelhantes, mas não se confundem. É preciso abrirmos sempre espaço para o jogo espontâneo, mas também é interessante montarmos com as crianças peças de teatro, com textos já existentes, de autores conhecidos, ou com textos compostos pelas crianças auxiliadas pela professora. Neste caso teremos que pensar no enredo, no texto, no cenário, na trilha sonora, nos papéis e na movimentação dos atores, nos figurinos e com repetidos ensaios chegar a um produto final que possa ser apresentado em um espetáculo para as demais crianças da escola.

Atividades de jogos teatrais

Viola Spolin, no já citado livro *Jogos teatrais na sala de aula*, traduzido por Ingrid Koudela, propõe inúmeras atividades que podem ser realizadas com as crianças, desde aquecimentos relativamente simples até produções mais elaboradas. Cito aqui algumas dessas atividades, que podem ser feitas com crianças na Educação Infantil.

Jogos de aquecimento
• Pegador com explosão: similar a um jogo tradicional de pega-pega, mas quando for pega, a criança deve "explodir" (essa explosão pode ser interpretada da forma que ela preferir).
• Caminhada cega no espaço: as crianças exploram o espaço vendadas. Esta atividade pode ser incrementada levando as crianças a interagir com diversos objetos (p. ex., encontrar e atender um telefone que toca).

Brincadeiras com objetos imaginários
• É interessante experimentar com as crianças praticar jogos conhecidos sem os objetos que costumam ser usados: como fazer um cabo de guerra ou pular corda sem corda. No caso das brincadeiras de bola sem bola, o professor pode introduzir variações: "agora a bola vai em câmera lenta", "agora ela ficou mais leve!", "agora ficou 100 vezes mais pesada!"
• Atividades em dupla com objetos imaginários, como empurrar um carro encalhado, estender um lençol etc.

→

Isso também pode ser feito para uma plateia (parte das crianças) que deve adivinhar o que era o objeto.

Trabalhar conceitos de onde, quem, o quê

• Propor às crianças questões que discutam esses conceitos. Onde: "Você sabe onde está?", "Como sabe?", "Você sempre sabe onde está, ou às vezes é um lugar desconhecido?"

• Quem: "Como você sabe quem são as pessoas?", "Como você sabe se essa pessoa é seu irmão, ou um desconhecido?", "Vendo duas pessoas, como você sabe se as duas são amigas, ou da mesma família?

• O quê: "O que você faz na cozinha?" "Por que você vai para o quarto? Para fazer o quê?"

• Fazer atividades que trabalhem com diferentes "onde", "quem" e "o quê". Nas atividades com objetos imaginários, pode-se propor às crianças que demonstrem em qual local estão (praia, selva, cozinha). Pedir que demonstrem uma profissão, uma relação entre duas pessoas (mãe e filho, amigos), ou diferentes idades (um bebê, um idoso), ou fazer um jogo de adivinhação sobre diferentes ações: O que estou comendo? O que estou escutando?

Trabalhar a fala

• "Blablablação": substituir as palavras por sons, como se falassem uma língua estrangeira. Propor às crianças que façam diferentes atividades falando assim, como →

conversar, vender algo, ou ensinar alguma coisa como um professor.

Trabalhar com partes do corpo
• Se for possível usar uma cortina, pode-se fazer atividades em que a plateia (parte das crianças) veja apenas uma parte do corpo dos jogadores, que devem demonstrar alguma atividade ou sentimento (raiva, felicidade) apenas pelo movimento dos pés, ou das mãos.

Improvisação
• Pode ser feita usando um baú de adereços e figurinos (roupas e acessórios velhos, que podem ser doados ou conseguidos em bazares e brechós). Cada jogador escolhe um adereço do baú e cria um personagem com ele.
• Construir uma história em conjunto: uma criança começa uma história e as outras continuam, cada uma acrescentando um pequeno pedaço.

Contação de histórias
• Enquanto um contador (o professor ou uma criança) conta uma história previamente preparada – pode ser uma história ou poema conhecido ou algo inventado pela turma – os jogadores encenam a narrativa.

3.4 Instrumentos do professor

Técnica e poesia.

- Elementos das diversas histórias das artes.
- Materiais diversos para o trabalho com as artes.
- Elementos técnicos e estéticos para o trabalho com artes.

Além dos instrumentos que já foram alinhados na introdução ao projeto e que valem sempre para o trabalho com qualquer objeto de conhecimento, é importante que tenhamos acesso à história da arte, por intermédio de livros, fotos, acervos ou exposições de museus. Em nosso país isto nem sempre, ou antes, quase nunca, é fácil; tente a internet!

Importante é que o professor busque estes recursos sempre que tiver oportunidades, interagindo com os artistas e suas produções, em sua cidade ou em cidades visitadas.

Quanto ao material para as atividades práticas, de um modo ou de outro, pode ser providenciado. Contando para isso com a imaginação do professor, este poderá peneirar terras de diferentes tonalidades, misturá-la com água, obtendo assim tintas de cores belíssimas; poderá macerar folhas, pétalas de flores, frutinhas, misturar com água e coar a mistura, obtendo tintas delicadas como as aquarelas; poderá utilizar pedacinhos de carvão como instrumento para desenhar e assim por diante. Mas para que possamos pensar em como utilizá-los, é importante encontrar o papel da técnica no fazer artístico. Pra isso, nos voltamos a uma fala de Benedito Nunes, professor titular de Filosofia na Universidade Federal do Pará, sobre educação artística e filosofia da arte[58]. Transcrevemos a seguir trechos desta colocação que podem nos esclarecer as relações entre técnica e poesia.

3.4.1 Técnica

A filosofia grega distribuiu as atividades humanas em três categorias separadas e hierarquizadas: a teórica, relativa ao conhecer (theorein)*, a prática, relativa ao agir* (prattein)*, e a poética, relativa ao fazer* (poien)*. A primeira corresponde à atividade conceptual da inteligência, produzindo as ideias por meio das quais as coisas são conhecidas mediante princípios; nela se inclui o gênero do conhecimento fundamentado* (epistéme)*, cuja expressão mais completa e mais alta seria a metafísica, paradigma da ciência. A prática diz respeito, na acepção antiga, à ação orientada por fins, abrangendo a conduta e o relacionamento dos indivíduos entre si, de um ponto de vista que compreendia o que hoje chamamos de moral e política, para os gregos aspectos indissociáveis do* ethos, *do modo de agir de cada qual dentro da cidade ou da* polis. *A atividade poética deriva de* poiesis. *E poiesis significando criação, como imposição da forma a matéria preexistente por meio da* tekne; *do esforço aplicado das mãos ou de instrumentos, que produzem aquilo que a natureza não gerou – o artifício ou artefato – a categoria poética abrange a ordem do fazer produtivo, que se sobrepõe à ordem natural.*

---

58. Proferida no Encontro Nacional de Educação Artística (MEC/Funarte/Inap), promovido pela Escolinha de Arte do Brasil em dez./1976.

Os artifícios resultantes da interseção entre a poiesis *e a* tekne *foram reconstelados no mundo moderno, propiciando o aparecimento histórico da obra de arte como tal, o que quer dizer da obra de arte como objeto estético. [...]*
Elevadas à categoria de criações do espírito, as obras de arte integram-se à esfera das formas religiosas ou místicas, ao lado da ciência e da filosofia, participando a seu modo e na sua escala própria, mas de maneira relevante e total como as outras criações, do processo de desenvolvimento espiritual da humanidade. A arte assim considerada será, associando definitivamente a atitude estética à atividade poética, uma vivência histórica da Modernidade. [...]
A arte, paralelamente ao mito e à ciência, é um modo simbólico de elaboração da nossa experiência; como tal, ela constitui uma modalização da linguagem, e comporta um índice cognoscitivo. Levando em seu extremo limite à ideia de que a arte é uma forma simbólica, a Estética moderna desvincula a categoria do poético da subordinação hierárquica que a ligava ao domínio teórico, e tornou a atividade respectiva uma práxis formadora pré-teórica, da qual as obras nascem e que se abastece do dinamismo originário da imaginação. "A imaginação é provavelmente o mais antigo traço mental tipicamente humano – mais antigo do que a razão discursiva; é provavelmente a fonte comum do sonho, da razão, da religião e de toda observação geral verdadeira. É esta primitiva força humana – a imaginação – que engendra as artes e é, por seu turno, diretamente afetada por suas produções"[59].

---

59. LANGER, S. "A importância cultural da arte". *Ensaios filosóficos.*

*[...] A confiança que se deposita na arte perten-
ce ao gênero dos atos esperançosos. A educação
artística encerra uma nova "esperança na educação"[60] – como fermento da reativação da cultura
da época – e é um chamamento utópico, na acepção forte desta palavra, a um outro humanismo
cheio de modéstia, que não pretende ensinar-nos
senão aquilo que devemos reaprender com os versos de Hölderlin: a habitar poeticamente a Terra.*

Técnicas não garantem expressão. Conjugadas à imaginação, abrem espaço para a criação do que ainda não existe.

Com a mão na massa

*A nossa imaginação criadora depende do trabalho experimental
com substâncias diversas: areia, água, terra são bem-vindas em processos educativos.*

Massa

Todos nós que trabalhamos com Educação Infantil sabemos da importância das misturas para as crianças. Por
exemplo, crianças em um tanque de areia, realizando experiências de transvasamento de água e areia em copinhos
de plástico, horas e horas a fio, se as deixarmos. Que tipo
de conhecimento ali está sendo engendrado? Vamos lembrar que a conservação dos volumes, quando a pessoa compreende que um copo alto e estreito pode conter a mesma
quantidade de líquido do que um largo e curto, é espera-

→

---

60. FURTER, P. *Educação e reflexão* e *Educação e vida*, apud NUNES, B.

da apenas em torno dos dez, onze anos. De modo que, eu penso, não é o pensamento operatório que ali se prepara, ou não apenas este, mas toda a dimensão da imaginação humana que se baseia na experiência, no manuseio, na mistura, em massas, substâncias que se transformam pela nossa ação. Aquela massa que fazemos com as crianças, e aqui vai uma receita:

1 quilo de farinha de trigo

$^1/_2$ quilo de sal

Pó Xadrez da cor desejada

Óleo de cozinha

Sente-se no chão, em roda, com as crianças. Em uma bacia misture a farinha, o sal (que tem aqui a função de conservante), e a porção de pó Xadrez (ou anilina) para chegar à tonalidade desejada. Coloque umas duas colheres de sopa de óleo. Vá acrescentando água aos poucos, procurando dar unidade à massa até chegar a uma única bola, ao mesmo tempo maleável e sem esfarelar. Reparta a bola em porções iguais para dá-las a cada criança de sua sala.

Pois bem, esta massa, que poder de encantamento tem para as crianças? Este longo tempo passado a fazer das bolas, cobrinhas; das cobrinhas, bonecos; dos bonecos, cachorrinhos, e assim por diante revela um grande prazer que é, ao mesmo tempo, sensorial e cognitivo, sem dissociações entre sentir e agir. Este tipo de prazer teve no filósofo francês Gaston Bachelard um grande intérprete, procurando ver na literatura manifestações de uma "tese que afirma o →

caráter primitivo, o caráter psiquicamente fundamental da imaginação criadora"[61]. Para Bachelard, a imaginação criadora produz o que ainda não existe, e o faz no embate ou convívio com a matéria. Quando oferecemos às crianças uma bola de argila para modelar, um mundo de possibilidades se abre em suas mãos, dos arquétipos culturais de vasos e todos os tipos de recipientes a figuras de homens e animais requerendo um trabalho criador para ganhar forma. Este trabalho é conduzido por "sonhos de ação que designaremos como *devaneios da vontade*", afirma Bachelard, e não por uma reprodução do real, pois para ele "os devaneios são a base da psicologia da criação" (p. 108). Diz ainda Bachelard: "a palma da mão é uma prodigiosa floresta muscular. A menor esperança de ação a faz estremecer" e "a primavera perfumada nasce da mão feliz" (p. 67), aquela que encontra uma matéria propícia para exercer a imaginação criadora.

E aqui chegamos a uma hipótese que proponho aos leitores:

E se em lugar de soterrarmos nosso pensamento sensório-motor, tão potente até os quatro anos de idade, com todo tipo de coisas prontas – brinquedos, imagens, comportamentos estereotipados, nós seguíssemos experimentando as coordenações de sensações (sensório) e movimentos (motor) até o final da vida? Neste caso, esta

---

61. BACHELARD, G. *A terra e os devaneios da vontade – Ensaio sobre a imaginação das forças*, p. 2.

é minha aposta, todos nós poderíamos ter melhor integrados sensações, sentimentos, intuições e pensamentos, com possibilidades de sermos mais criativos e felizes em qualquer circunstância. Como crianças, que nunca perdem o prazer de experimentações com uma boa massa bem melequenta e do conhecimento que daí pode se originar. Afinal, culinária, desenho, pintura, escultura e esportes são exemplos de atividades humanas fundamentais nas quais a imaginação criadora origina-se da intimidade experimental com a matéria, e não de sistemas de ideias preestabelecidas. Que viva sempre em nós nosso sensório-motor!
Trecho da matéria publicada na Revista *Avisa Lá*, n. 36.

São diversos os obstáculos que se colocam para a necessidade humana de expressar uma emoção, desde o risco da proximidade de um leão ou urso (no caso do Homem de Chauvet), aos perigos da cidade grande, às mornas tardes nos vilarejos. A vida cotidiana parece nos impor movimentos contrários à emoção e à expressão, e para cumprir suas normas buscamos um equilíbrio inibindo ações transformadoras; transformamos hábitos em rotinas cegas, confinados em terrenos já conhecidos. E não é assim mesmo que nos sentimos, tantas vezes incapazes de expressar sensações, percepções, emoções, de dar existência a algo a partir de um afeto mobilizador da expressão? Entretanto, todos fomos crianças, e nas crianças, o ritmo, condutor e realizador da experiência, é seu aliado desde sempre. Para mamar, andar, desenhar, em todo jogo em que se envolva, se a ação da criança é rítmica isto se deve à confiança na própria sensação em resolver sincronicamente a tensão entre sentir e agir, ordenando-a em procedimentos[62].

4 Ciências

Marco teórico determina observáveis.

Durante centenas de anos os homens de ciência acreditaram positivamente na existência de um real absolutamente verdadeiro, isto é, um real independente das concepções humanas sobre ele. Nesta perspectiva, a ciência seria a atividade humana que busca conhecer este real, explicando seu funcionamento por meio de leis e teorias. Assim, o conhecimento humano iria se aproximando deste real, conhecendo-o pouco a pouco, até que num dado momento poderíamos supor que tudo seria conhecido.

Tomemos como exemplo de real o nosso planeta.

Enquanto sujeitos do conhecimento, nos aproximamos da Terra para dela extrair a sua verdade: é como se a ciência tivesse o poder de ir revestindo este planeta, o conhecimento avançando sempre, até que em um dado momento do futuro a Terra recoberta pela nossa ciência a seu respeito seria totalmente conhecida em sua essência absoluta: os rios, os mares, as montanhas, o magma e a atmosfera, a Terra por dentro e por fora em sua órbita no espaço. Esta seria a consequência

---

62. Dois últimos parágrafos adaptados do cap. 5. "Ritmo", de *Móbiles da ação: da cor à experiência estética.*

última de uma visão positivista sobre o nosso planeta. Como vimos, de acordo com esta corrente filosófica, o conhecimento científico é a única forma de conhecimento verdadeiro. Entretanto, este futuro é sempre um amanhã, um porvir que até o momento nunca se realizou na história da humanidade, uma vez que nada foi absolutamente conhecido pelos homens. Muitos pensadores afirmaram que se os homens pudessem conhecer algo em sua totalidade seriam deuses e não homens: criador e criatura estariam irremediavelmente confundidos. Assim, o real é inalcançável.

Olhemos para ela, Terra que nos embala. Em sua superfície cheia de cicatrizes, nas maravilhosas ou terríveis construções humanas bem distantes do natural, em sua natureza corrompida, nas fantásticas invenções humanas, vê-se os sinais do poder de transformação do conhecimento. Nós e a Terra não somos independentes e reais, mas sim interdependentes e mutuamente constitutivos. Somos realidades interpretáveis por intermédio de linguagens; e a realidade é o que possibilita ver o mundo enquanto observáveis.

Vamos imaginar a realidade como um contínuo, algo assim como um mar de coisas que podem ser observadas pelo nosso olho, pelo poder tão abrangente do conhecimento humano. O pensamento e a linguagem são como clarões iluministas de descontinuidade no contínuo da realidade, uma vez que, com eles, conseguimos interpretar alguns aspectos dela. E o real é precisamente aquilo que não pode ser aprendido em sua totalidade. O que ao mesmo tempo nos aproxima do real e dele nos afasta é a linguagem.

Eva (6; 3). O minotauro (Monique Deheinzelin).

Para que possamos entender melhor as relações cognitivas entre os homens e o seu planeta, vejamos quais foram algumas de suas concepções sobre o movimento da Terra no sistema solar.

Aristóteles, filósofo grego que viveu de 384 a 322 a.C., acreditava que os astros estavam presos a esferas transparentes de cristal, corpos esféricos, perfeitos, em trajetórias circulares.

Aristarco, astrônomo grego que viveu de 310 a 230 a.C., precursor de Copérnico, foi o primeiro a admitir que a Terra movia-se em torno do Sol, tendo sido por isso acusado de heresia.

Ptolomeu, nascido no ano 2 d.C., acreditava que os planetas estavam presos a esferas as quais giravam nas esferas de cristal de Aristóteles.

Abandonando as concepções geocêntricas (a Terra parada no centro do universo) que durante séculos de nossa história foram dominantes, Copérnico (1473-1543) postulou o centro do mundo ocupado pelo Sol, em torno do qual circulam Mercúrio, Vênus, Terra – planeta entre outros planetas – Marte, Júpiter e Saturno.

Giordano Bruno, filósofo italiano nascido em 1548 e que morreu em Roma em 1600, foi um continuador das ideias de Copérnico, afirmando entretanto que o espaço é infinito. A cosmologia de Giordano Bruno implicava a negação da ideia teológica da criação. Ele foi torturado e queimado vivo por ordem do Santo Ofício da Inquisição.

Kepler (1571-1630), astrólogo e astrônomo alemão, afirmou serem elípticas as órbitas dos planetas. Ocorreu em Praga (1600) o mais sensacional encontro da astronomia, entre Kepler e Tycho Brahe (1546-1601), astrônomo dinamarquês que efetuou importantíssimas observações planetárias e estelares, tendo calculado as distâncias entre os corpos celestes em suas trajetórias pelo espaço. Kepler formulou leis que abriram o caminho para a astronomia moderna, valendo-se das observações e cálculos de Tycho Brahe, mas descartando sua cosmologia, pois Brahe havia abandonado o sistema heliocêntrico recentemente afirmado por Copérnico e voltado ao sistema geocêntrico inspirado no de Heraclides do Ponto (séc. IV a.C.).

Galileu Galilei, físico e astrônomo italiano (1564-1642), construiu em Veneza, em 1609, a luneta que recebeu seu nome e que lhe permitiu descobrir o balanço aparente da Lua em torno de seu eixo e observar os satélites de Júpiter, o anel de Saturno, as fases de Vênus, e as manchas e a rotação do

Sol. Adepto do sistema de mundo proposto por Copérnico, e que a corte de Roma considerou herético, foi forçado a não mais professá-lo. Porém, voltando a Florença publicou todas as provas que afirmavam o sistema, em 1632. Por isso, foi obrigado a abjurar diante da Inquisição (1633). Reza a tradição que, ao levantar-se, ele teria murmurado: *"Eppur, si muove"* (Entretanto, a Terra se move)[63].

Mais recentemente os homens acreditam que o universo seja fruto de uma grande explosão inicial e que esteja se expandindo, girando a Terra neste infinito. Os homens se enganaram e a Terra é uma verdade contida em si mesma, ou a Terra muda em função das concepções que temos sobre ela, ao mesmo tempo em que nós também mudamos? Este currículo está em acordo com a segunda hipótese e nela a verdade seria um absoluto inalcançável – ou um impossível, porque a verdade do real é precisamente aquilo que nunca pode ser apreendido em sua totalidade. Ao longo de sua história os homens observaram o cosmos, as estrelas e planetas, colheram dados, efetuaram medidas, elaboraram hipóteses – comprovadas ou não. A partir de conhecimentos prévios, reestruturaram teorias anteriores, que faziam sentido em seus marcos de referência, mas que na interação com a realidade obrigou os observadores a passar de um nível de menor conhecimento para um de maior conhecimento – mais abrangente. É precisamente este movimento de reestru-

---

63. Utilizei como fonte de consulta a *Novíssima Enciclopédia Delta Larousse*, ed. de 1982.

turação do pensamento que nos muda – não somos mais os mesmos porque agimos sobre o real, transformando-o. Uma dupla transformação: de homem que concebe o cosmos e do cosmos concebido por ele.

Assim, a ciência não é um livro, registro de fatos ou regras; é o processo de criação de conceitos que dão unidade e sentido à natureza.

Nos esquemas formais de que dispomos, qualquer descrição é incompleta, não devido à opacidade da natureza, mas às limitações da linguagem que utilizamos.

A ciência consiste, formalmente, na procura de um código, uma linguagem que maximize o conteúdo informativo das mensagens que registram os processos da natureza[64].

De acordo com Karl Popper, investigador das teorias científicas, "as teorias são como redes, lançadas para capturar aquilo que chamamos 'o mundo': para racionalizá-lo, explicá-lo, dominá-lo. Nossos esforços são no sentido de tornar as malhas da rede cada vez mais estreitas".

Os cientistas são, desta forma, intérpretes da realidade utilizando diversas linguagens (as redes) para realizar suas interpretações. Neste sentido, as ciências aproximam-se da literatura e da filosofia[65].

As ciências, assim como a filosofia, devem encontrar um estilo apropriado de modo a não confundir verdade, que

---

64. Estas considerações sobre as articulações entre a lógica das ciências e as linguagens foram retiradas de BRONOWSKI, J. *Um sentido do futuro*.

65. Trecho contido em um trabalho de Karl Popper intitulado *A lógica da pesquisa científica*.

pode ser fulguração, iluminação – uma visão momentânea do todo, com saber, que é a posse intelectual de um conceito. Encontra-se este estilo distinguindo ideia, conceito e fenômeno.

Verdade pode ser uma ideia, algo que nos acomete como conhecimento interior, independente de ter ou não sua fonte na experiência com os fenômenos naturais ou da sociedade. A ideia não é conceito: este precisa ser construído em nossa interação com os fenômenos. Ao conceito cabe a tarefa de representar a ideia, e ao fazê-lo, salvar os fenômenos, arquivá-los em certos domínios onde possam ser conhecidos.

"Como pode a filosofia realizar-se descrevendo ideias – que não são coisas nem leis das coisas, mas com estas se relacionam "como as constelações com as estrelas", salvando os fenômenos – que não estão incorporados nas ideias, "não estão contidos nelas?"

Responde a sua própria pergunta o filósofo alemão Walter Benjamin: "pela mediação dos conceitos, desde que não se degradem na indução (onde as ideias não estão organizadas nem hierarquizadas) nem na dedução (onde as ideias são projetadas num contínuo pseudológico)"[66].

Caso os conhecimentos, elaborados por conceitos, caiam na indução, priva-se o sujeito de pensar sobre os fatos e fenômenos e os conhecimentos são convertidos em meras informações que induzem uma única resposta correta. Este é um

---

66. Marilena Chauí comentando o novo livro de O.C.F. Matos, *O iluminismo visionário: Walter Benjamin leitor de Descartes e Kant*, em artigo publicado no jornal *Folha de S. Paulo*, em 05/09/1993.

recurso que, infelizmente, aparece com frequência na Educação Infantil. Por exemplo, fala-se um pedaço de uma palavra induzindo a criança a completá-la em voz alta: este bolo é feito de choco...? A criança não tem acesso à organização e à hierarquia das palavras, seus contextos e usos significativos, compreendendo que o seu único dever é dar a resposta certa ao adulto. Neste caminho indutivo as intenções educativas, se houver, não possibilitam a construção de conhecimentos.

Por outro lado, se as crianças são levadas a deduzir os conceitos de uma determinada experiência – por exemplo, o que faz com que alguns objetos afundem e outros não – podem ficar no senso comum, sem elementos para aproximar-se de um conhecimento científico. A criança, entretanto, tem um pensamento sincrético (tudo ao mesmo tempo agora) e analógico (isto é como aquilo) e qualquer tentativa de compreensão traz consigo a necessidade de representar – por metáforas, imagens, linguagens. Nós, educadores, temos que compreender como se passa de um estado de menor conhecimento para um estado de maior conhecimento, o que só é possível interagindo com a realidade e operando por transformações. Experimentemos aproximar as crianças de um balde, bacia ou lata cheia d'água e de objetos que boiam ou afundam, como por exemplo, um prego, um palito de picolé, uma bola de gude. Fornecemos a elas lápis e papel para que registrem, cada uma à sua maneira, suas observações; e propomos um debate a partir da leitura destas observações. Caso da conversa emerja uma boa pergunta ou situação-problema para continuidade da experiência, teremos como avaliar a aprendizagem realizada.

Para tentar nos situar, podemos retornar aos primórdios da filosofia. Ao longo da história da ciência e da filosofia, existem duas grandes correntes de pensamento, a platônica e a aristotélica. Platão preconiza o uso do raciocínio dedutivo: segundo ele a ciência seria deduzida da observação contemplativa da realidade. Para Aristóteles, saber é conhecer por meio da demonstração. Para ele saber não é mais contemplar, como para Platão, mas sim produzir o discurso capaz de explicar as coisas. Este discurso deve obedecer a certas regras colocadas por Aristóteles, que se tornou assim fundador da lógica. A ciência moderna é muito mais indutiva, e portanto aristotélica, do que dedutiva, como queria Platão. Para a ciência moderna, a linguagem científica é mais importante do que a observação empírica dos fatos.

Para a ciência indutiva, o marco de referência teórica determina os observáveis: o que pode ser visto e interpretado da realidade; isto é, vemos os fatos na ótica de nossos conceitos sobre eles, já elaborados. Assim, não é a pressão dos fatos que produz a compreensão, e sim o nosso esforço para dar algum sentido a eles. Quando procuramos manter o marco teórico, mesmo negando a evidência dos fatos, podemos abrir portas inimagináveis para o conhecimento. Retornemos ao nosso exemplo: a simples evidência dos fatos nos levaria a crer que o Sol gira em torno da Terra e não o contrário, uma vez que estamos aparentemente parados no espaço, e que o Sol nasce e se põe, deslocando-se ao longo do dia da posição que ocupamos. Observações astronômicas e cálculos matemáticos nos mostraram aqui a falência do simples bom-senso, da percepção independente de um marco teórico.

Outro exemplo, este mais próximo de nossa prática como educadores: as crianças que têm algum contato com a língua escrita sempre escreveram de acordo com as hipóteses investigadas por Emilia Ferreiro e Ana Teberosky, publicadas em seu livro *A psicogênese da língua escrita*, que já citei diversas vezes. Entretanto, estas escritas não eram observáveis para nós, que a enxergávamos sem vê-las. Por quê? Porque não tínhamos um marco teórico que as tornassem para nós reconhecíveis.

Observáveis só têm sentido no âmbito de uma teoria. Por exemplo, como observadores leigos de uma árvore, vemos seu tronco, galhos, folhas, se está florida ou se porta frutos. Quem convive e trata desta árvore sabe que cuidados necessita, quando dará fruto, qual o comportamento de sua semente, e assim por diante. Mas um botânico pesquisador daquela espécie pode não apenas classificá-la, mas relacionar nutrientes do solo e fluxo da seiva, variações climáticas e enraizamento, época de floração com estações do ano, de modo que o seu embasamento teórico possibilita que se tornem observáveis aspectos do desenvolvimento de árvores que escapam da observação de um leigo, ainda que observador atento. Os observáveis gerados na interação com as árvores, no âmbito de um marco teórico – botânico neste caso – possibilita que se aja ou intervenha na realidade, modificando-a. Assim, o marco teórico não só determina observáveis, como também ressonâncias, isto é, cadeias de possibilidades e necessidades de pensamento científico.

Na tentativa de esclarecer o que compreendemos por observáveis, conceito fundamental para este currículo, darei aqui mais três exemplos, estes de situações vividas por professores de Educação Infantil na Escola da Vila, em São Paulo.

A Profa. Maria Cristina Ribeiro Pereira trouxe para sua classe um casal de periquitos em uma gaiola, com a intenção de estudar o comportamento das aves. Ela tinha esperança de que o casal de periquitos procriasse e que assim as crianças pudessem ver a deposição dos ovos, o periquitinho bicando a casca e nascendo.

Tratava-se de uma classe de crianças de 6 a 7 anos de idade. É muito interessante observar dia a dia o comportamento das aves, porém Cristina corria o risco de observar com as crianças apenas aquilo que já é imediatamente visível, ou seja, que as aves botam ovos, que têm penas e bico e assim por diante. Sabendo disso, para que ela pudesse avançar em sua pesquisa, concluiu precisar de informações contidas em livros ou fornecidas por pessoas com maior experiência neste assunto. Por exemplo, de onde são originários os periquitos, ou qual a função ecológica de seu ciclo alimentar? Estas questões não são imediatamente visíveis e só se tornam observáveis a partir de um marco de referência teórico.

Outro exemplo ocorreu com o Prof. Eduardo Calil de Oliveira, também com crianças de 6 a 7 anos de idade. Nesta sala de aula estava sendo feito um pedrário, isto é, uma coleção catalogada de pedras levadas para a escola pelos alunos. Na roda, conversava-se diariamente sobre as pedras, classificando-as e dando-lhes nomes de acordo com seu aspecto exterior, como por exemplo, pedra pixe e pedra preta. O professor notava que as crianças ficavam aborrecidas durante estas atividades de classificação, sem saber a que atribuir o desinteresse dos alunos. Até que um dia uma criança levou uma pedra com um bilhete de seu pai, contendo aproximadamente os seguintes dizeres:

> Faço excursões com pessoas que desejam conhecer o interior das cavernas. Dentro delas faz muito escuro, de tal forma que precisamos visitá-las com uma iluminação. A iluminação especial que utilizo é à base de carbureto (carbeto de cálcio), uma pedra que, quando colocada em água, desprende gás acetileno (aquele que dá o cheiro caraterístico do ovo podre), o qual é altamente inflamável, produzindo uma bela chama amarelo-azulada de grande intensidade luminosa. É com esta chama, instalada em nossos capacetes, que iluminamos as cavernas.
> Façam a experiência e divirtam-se!
> Um abraço,
> José

A experiência foi feita com sucesso e nenhum tédio da parte das crianças. Em dado momento o professor perguntou: "Então, pessoal, quer dizer que pedra pega fogo?" E uma criança respondeu: "Só se for carbureto!"

Moral da história: ver o que já é imediatamente visível não tem graça nenhuma e as crianças não precisam ir à escola para fazê-lo. E para que se tornem observáveis aspectos que não são imediatamente visíveis, é preciso que tenhamos informações especializadas.

Finalmente um terceiro exemplo, este ocorrido na classe da Profa. Marta Mursa de crianças de quatro a cinco anos de idade. Em uma roda de conversa, a professora perguntou aos alunos o que eles achavam que compunha o solo da escola. Algumas das crianças disseram que tinha uma camada de terra, depois mais abaixo uma camada de pedra, em seguida uma camada de água. Observemos que as hipóteses das crianças têm uma notável coincidência com muitos solos encontráveis na realidade. Marta então se dispôs a cavar um buraco junto às bananeiras no quintal da escola, para que se pudesse verificar ou não as hipóteses das crianças.

Ora vejamos, caso ela conseguisse cavar um buraco suficientemente fundo para alcançar o lençol freático (o lençol d'água), mesmo assim isto não provaria que todo solo é composto de três camadas: de terra, de pedra e de água. Caso não encontrassem água, isto também não provaria nada. Ou seja, a experiência de ver "no concreto" não ampliaria o conhecimento dos estudantes. Então a professora resolveu entrevistar os caseiros da escola, que viram nela serem abertos dois poços artesianos e que há trinta anos cuidavam das plantas e árvores e de todo espaço externo da localidade. Ao longo desta entrevista muitas coisas se tornaram observáveis para a classe, inclusive a possível comprovação da hipótese das crianças sobre a composição do solo.

Conforme podemos ver nestes exemplos, a ciência não é simplesmente uma coleção de verdades que explicam o real, mas sim constituída de imagens, de referências teóricas que se valem de linguagens. No caso das ciências da natureza, há um privilégio da linguagem matemática, ferramenta de longo alcance que, por exemplo, permite ao astrofísico descobrir uma estrela nunca vista, apenas utilizando equações matemáticas. De todo modo, em ciências interpreta-se a realidade por intermédio de linguagens; com isto transformamos a realidade ao mesmo tempo em que nos transformamos na tentativa de dar sentido ao mundo.

Leona (4; 7). *O submarino* (Monique Deheinzelin).

4.1 Ciências Humanas e da Natureza

Joãozinho e o pé de feijão.

A divisão das ciências é sempre arbitrária, a começar pela própria definição de ciência. O que é científico e o que não é? Quando se acreditava que as ciências eram catálogos de verdades que explicavam o real (o que basicamente aconteceu até o final do século XIX), científico confundia-se com verdadeiro. Hoje, na segunda década do século XXI, quando há dezenas de anos abdicamos da ideia absoluta de verdade, científico é tudo aquilo que é estruturado em bases linguísticas coerentes e autoconsistentes e que têm êxito na comprovação experimental. Só nos resta contribuir para que a ciência seja concebida para o bem da humanidade e não para o predomínio do poder e da destruição.

Educação Infantil – Aspectos antropológicos

[...] a intervenção do homem no ambiente a que [...] se acomoda pode traduzir-se em alterações muito profundas, de extraordinário alcance, que atual e/ou potencialmente atingem um raio planetário, ameaçando, inclusive, ultrapassá-lo: basta lembrar o modo como a tecnologia e a economia pós-Revolução Industrial têm afetado a biosfera; ou a possibilidade, que já se viabiliza, de instalar-se o homem fora mesmo do nicho terráqueo, do planeta onde se originou (levando ao extremo a vitória sobre a chamada especificação ou especialização adaptativa, que circunscreveu muitas espécies a nichos determinados); basta evocar as profundas mudanças que a domesticação de animais e plantas acarretou, numa perspectiva ecológica (não mencionando a exploração intensiva de recursos que colocou em perigo muitos ecossistemas); ou na possibilidade que o homem recentemente adquiriu de interferir na estruturação genética de outros seres vivos; ou lembrar que este animal se capacitou a destruir-se a si e aos outros em definitivo.

ORDEP SERRA. "Apontamentos para a definição do marco conceitual de uma proposta".

Se definir ciência é complicado, a divisão das ciências também o é: sendo arbitrária, é sempre passível de engano. Uma forma de atenuar a arbitrariedade, sobretudo em práticas educativas, é a visão interdisciplinar, sobre a qual faremos referência nas estratégias de ensino e de aprendizagem. Por ora, busquemos no *Minidicionário Aurélio* as definições das ciências arbitrariamente divididas.

As divisões da ciência

Ciências físicas:

Dinâmica, Astronomia, Ótica, Eletromagnetismo, Química etc.

Ciências biológicas:

Zoologia, Botânica, Ecologia etc.

Ciências humanas:

História, Geografia etc.

• Física, s.f. Ciência que investiga as propriedades dos campos (elétrico, magnético e gravitacional), e as propriedades e a estrutura dos sistemas materiais, e suas leis fundamentais.

• Dinâmica, s.f. Parte da física que investiga o movimento dos corpos.

• Astronomia, s.f. Ciência que trata da constituição e do movimento dos corpos celestes.

→

• Ótica, s.f. Parte da física que trata da luz e da visão.

• Eletromagnetismo, s.m. Estudo dos fenômenos eletromagnéticos.

• Biologia, s.f. Estudo dos seres vivos e das leis da vida.

• Zoologia, s.f. Ramo da história natural que trata dos animais.

• Botânica, s.f. Estudo da morfologia e fisiologia dos vegetais.

• Ecologia, s.f. Biol. Estudo das relações entre os seres vivos e o meio onde vivem, bem como suas recíprocas influências.

• História, s.f. 1) Narração dos fatos notáveis ocorridos na vida dos povos, em particular, e da humanidade em geral. 2) Conjunto de conhecimentos, adquiridos através da tradição e/ou mediante os documentos, acerca da evolução, do passado da humanidade. 3) Ciência e método que permitem adquiri-los e transmiti-los. [...]

• Geografia, s.f. Ciência que descreve a superfície da Terra e estuda seus acidentes físicos, climas, solos e vegetações, e as relações entre o meio natural e os grupos humanos.

Embora estas definições sejam muito simples, e passíveis de controvérsia, elas têm uma sensatez que para nós é muito instrutiva. Por exemplo, quando ensinamos uma a uma as cores para as crianças, às vezes associando cores a números, trabalhamos apenas com a suposta concretude de cada uma delas, sem saber exatamente em que terreno estamos pisando. E assim desconsideramos o que é próprio de cada área de conhecimento, suas leis, estruturas internas e domínios de aplicação.

Sabemos agora que estamos no terreno da Ótica. E estudando um pouco de Ótica saberíamos que as cores são o resultado da decomposição da luz branca, isto é, quando, por exemplo, a luz branca do sol passa através das gotinhas de água da chuva, ela é difratada nas sete cores primárias, compondo o lindo fenômeno do arco-íris, sinal da aliança entre Deus e os homens e que os índios brasileiros sateré mawés chamam de arrumoité. Assim sendo, qualquer cor é um componente da luz branca e só faz sentido quando comparada ou combinada com suas companheiras do espectro luminoso. Uma cor sozinha é quase como a tristeza do preto, que é justamente a ausência de luz, e portanto de cor.

Luz e cor

É possível definir cor como qualificação ou atribuição sensível, individual, a fenômenos de interação entre os componentes da luz e os pigmentos que colorem a superfície de objetos, sejam eles orgânicos ou artificiais —

$\longrightarrow$

químicos. A cor é, portanto, um fenômeno complexo, uma vez que a sua percepção, ou sensação colorida, depende: de qualificações neurofisiológicas do observador, como este é afetado psicologicamente por gamas cromáticas, sua sensibilidade às cores; do feixe luminoso incidente sobre um objeto, e neste caso somos observadores sob feixes de luz branca; e da textura, qualidade e distribuição de pigmentos no objeto observado. A luz branca é composta, como sabemos, pelas sete cores do arco-íris. Este é um fenômeno resultante da difração da luz branca do sol em gotículas de água, no espectro visível correspondentes a vermelho, laranja, amarelo, verde, azul, anil e violeta.

Um tomate, por exemplo, pode ser visto como vermelho, porque os pigmentos de sua superfície absorvem todas as cores do espectro visível com exceção do vermelho, que é refletido e captado por nossa retina. A cor sentida é o reflexo das que não são absorvidas pelo objeto. Em outras palavras, o que se vê é aquilo que o objeto não incorporou à sua estrutura cromática.

Outro exemplo, na atividade inspirada na história de Joãozinho e o pé de feijão. A experiência tão conhecida de colocar um grão de feijão mergulhado no algodão molhado, colocado na base de um potinho, pode resumir-se a ver brotar a plantinha a partir da semente, ou transformar-se em uma pesquisa botânica de maior alcance. Podemos, por exemplo, fazer com as crianças uma análise comparativa para que se possa concluir quais são as condições mais favoráveis para o crescimento do feijão. Para isso, algumas crianças colocarão seus potinhos próximos à janela – onde receberão bastante luz –, outras colocarão os seus embaixo da mesa, recebendo pouca luz. Em algumas plantinhas, um pouquinho de água todos os dias, ao passo que em outras não será colocada mais água a partir do primeiro dia.

Todas as crianças registrarão à sua maneira – com desenhos, anotações espontâneas, enfim, como cada um quiser, o que observam dia a dia em suas plantinhas. E ao fim de um mês de trabalho, o professor faz com seus alunos um cruzamento das informações obtidas. Caso ele disponha de uma enciclopédia, ou possa consultar um agricultor experiente, obterá mais informações sobre as características do pé de feijão, e, por extensão, também daquelas de outras plantas. Em outras palavras, a clássica experiência do feijão ganha outra amplitude quando sabemos que, ao realizá-la, estamos no terreno da botânica[67].

Finalmente, um terceiro exemplo instrutivo: quando, em um painel com os dias da semana, assinalamos com um sol os dias ensolarados, com gotas de chuva os chuvosos e com nuvens aqueles nublados. Ao proceder desta forma, pode-

---

67. Atualmente, com o auxílio da internet, é muito mais fácil conseguir informações aprofundadas sobre diversos conteúdos ou exemplos para trabalharmos com as crianças. Cf., p. ex., o site da Revista *Ciência Hoje* das crianças [chc. cienciahoje.uol.com.br – Acesso em jul./2014]. Ainda assim, a presença de um especialista ou alguém que trabalhe diretamente com este conteúdo é muito interessante e produtiva para o ensino e a aprendizagem. Portanto, deve ser priorizada sempre que possível.

mos, na melhor das hipóteses, ter um registro que lembre às crianças quais foram os dias de sol e aqueles de chuva. Porém, de todo modo, apenas se registra aquilo que todo mundo está vendo, aquilo que já se sabe e que, portanto, não precisa ser mencionado, ou seja, que chove ou faz sol.

Se quisermos avançar um pouco mais, veremos que a partir deste trabalho simples de registro do clima poderemos investigar diversas questões, como por exemplo, no terreno da geografia, os fenômenos dos diversos climas em nosso planeta, ou os fenômenos de evaporação e precipitação de água e sua relação com as condições meteorológicas.

Pancadas de chuva em parte do PR, de SP e de MS

"Nesta segunda-feira (07/07) haverá pancadas de chuva entre o nordeste e norte do PR, sul e oeste de SP e o MS, que poderão ser localmente fortes. O dia será frio e com chuva no leste e litoral de SC e no sul do PR. No litoral do ES e da BA o dia será com chuva isolada. As temperaturas estarão baixas no Sul do país."

Obs.: Texto referente ao dia 07/07/2014, 11h47min

Consultar previsões do tempo, verificar condições metereológicas e a partir dos dados levantar hipóteses e realizar pesquisas sobre precipitação pluviométrica ou regiões em regime de seca pode consolidar uma boa base para criação de situações-problema e consciência ecológica.

4.2 Objetivos de ensino e de aprendizagem

Intimidade e ousadia ao tratar as ciências.

- Adquirir intimidade e ousadia na investigação dos fenômenos da natureza.
- Câmbios conceituais na construção de linguagens científicas.
- Fazer relações lógicas entre os fenômenos naturais e os sociais.

Em um grande número de livros didáticos para o ensino de ciências, encontramos o seguinte procedimento: experiências práticas, levantamento de hipóteses, comprovação ou não das hipóteses em livros teóricos.

Vamos pegar como exemplo a flutuação dos corpos, que citei no capítulo anterior. Colocando em uma bacia cheia de água um prego, um pedaço de madeira, um copinho plástico, ou qualquer outra coisa que tenhamos em mãos, observamos com as crianças quais afundam e quais flutuam, permitindo que elas reflitam, talvez registrando suas observações à sua maneira, como sugerimos, e digam por que uns boiam e outros não. "É de ferro", "É pesado", "É levinho", "É porque é chato", "Esse aqui é pontudo!", e assim por diante, elas talvez digam. Em seguida investigaremos nos livros por que os navios, que são de ferro, tão grandes e tão pesados, não afundam; mas, ao contrário, são feitos para flutuar.

Chegaríamos em Arquimedes, sábio grego que nasceu e morreu em Siracusa (287 a.C.-212 a.C.), e que formulou um princípio que permite calcular a força que mantém os corpos flutuando. Esta força é chamada força de empuxo.

Quando um corpo mergulha, desloca certa quantidade de água. Arquimedes descobriu que se um objeto está flutuando, a intensidade da força de empuxo é igual ao peso da água que o corpo desloca; se o empuxo é menor que o peso da água deslocada, então o objeto afunda.

Fazer com as crianças a experiência e em seguida dizer a elas: "Bem, isto que vocês observaram funciona assim e assado", invalidaria o que as crianças pensaram a partir de sua observação. Por outro lado, apenas deixar acontecer a experiência pela experiência não propicia as mudanças conceituais possibilitadas pela abertura de observáveis. Os câmbios conceituais, isto é, os avanços de raciocínio, tornam-se possíveis quando investigamos alguma coisa fazendo uso de linguagens para organizar nosso pensamento sobre elas. A propósito deste uso da linguagem, cabe aqui uma discussão importante: Em nossos estudos com elas, devemos ou não usar palavras que as crianças ainda não conhecem? Acredito que sim, devemos usá-las, pois como viriam as crianças a conhecê-las se nunca as escutassem? Além disso, usar a nomenclatura – dar nome aos bois, segundo o dito popular, significa investir as coisas de linguagem, significa dar-lhes sentido, ou seja, aproximá-las da ciência, fazer com que nos tornemos cientes delas.

Trabalharemos sempre no cruzamento entre as ideias originais e espontâneas que as crianças têm sobre os fenômenos físicos e as ideias que os homens já construíram sobre estes mesmos fenômenos, ao longo de sua história. Uma vez que são observáveis regularidades estruturais entre a sociogênese e a psicogênese dos conhecimentos, isto é, entre o modo como cada objeto de conhecimento foi construído pela sociedade humana e o modo como cada indivíduo reconstrói este mesmo objeto ao tentar compreendê-lo[68], a intersecção entre as ideias espontâneas e as consagradas pela ciência pode incrementar de forma extraordinária o rendimento da aprendizagem. As crianças – ou qualquer um de nós, aprendizes, na interação com os fenômenos e no sentido de maximizar o próprio conhecimento – são levadas a elaborar sistemas explicativos cada vez mais abrangentes, tal como o foram os cientistas.

Podemos tornar observáveis para as crianças as partes internas do corpo humano, aquelas que não estão imediatamente visíveis. Perguntaríamos, por exemplo, o que as crianças acham que acontece com a comida que engolimos. Muitas delas acreditam que, a partir da garganta, o sistema digestivo divide-se em dois tubos, um para os alimentos líquidos e outro para os sólidos, e que o coração é o órgão que decide o que é bom para o corpo – e que, portanto, fica com ele – e o que deve ser eliminado. Observemos que esta hipótese das crianças, além de poética, é bastante lógica, isto é, inteligente, uma vez que na saída líquidos e sólidos têm des-

---

68. Sobre este importante e controverso assunto, deve-se recorrer a PIAGET, J. & GARCIA, R. *Psicogênese e história das ciências*, como já mencionado [N.A.].

tinos diferentes. Poderíamos então mostrar a elas um atlas de anatomia humana, mesmo sabendo que as crianças pequenas estabelecem teorias intuitivas, não necessariamente relacionadas com modelos. Talvez um bom procedimento com elas seja o analógico, levantando as semelhanças entre as partes do corpo humano e coisas conhecidas, como, por exemplo, os tendões com elásticos, o coração com uma bomba de puxar e espirrar água, o pulmão como uma bexiga que pudesse se encher e esvaziar sucessivamente, e assim por diante. De todo modo, o ensino de ciências envolve questões didáticas complexas: o fundamental é estarmos sempre abertos para observar, ouvir, e considerar o modo de ser e de pensar das crianças, e a partir daí elaborar novas sequências didáticas.

Caso atuássemos com as crianças apenas no terreno das experiências espontâneas, os objetivos de ensino e de aprendizagem incidiriam no desenvolvimento e teríamos como objetivo central desenvolver o raciocínio científico e o pensamento lógico-matemático das crianças. Ensinando apenas os conteúdos já elaborados pelos homens de ciência, os objetivos de ensino e de aprendizagem incidiriam na aprendizagem mecânica das ciências, desconsiderando o modo de pensar das crianças. Fazendo uma ponte significativa entre ambos, garantimos os dois lados de nossa equação, saindo de um falso dilema em que estávamos colocados: ou bem respeitar a livre-expressão das crianças, ou bem ensinar a elas os conteúdos.

Sobre o terceiro objetivo de ensino e de aprendizagem, *"fazer relações lógicas entre os fenômenos naturais e os so-*

ciais": uma vez que o homem é, ao mesmo tempo, um ser natural e um ser cultural, quando investigamos os fenômenos naturais usamos ferramentas culturais vinculadas à forma de ser e de pensar da nossa sociedade. Assim sendo, ao estudarmos aspectos da natureza é interessante fazer uma relação com o modo cultural de vínculo com a natureza. Por exemplo, pesquisando o mar – o fenômeno das marés, os seus habitantes, a flora e a fauna marítimas, poderíamos fazer relações com a atividade dos pescadores e o conhecimento que eles têm sobre o mar.

4.3 Estratégias de ensino e de aprendizagem

Tema gerador e interdisciplinaridade.

- Atividades propostas às crianças, com a intenção de investigar ciências.

De que maneira poderemos organizar as atividades de ciências? Nos capítulos anteriores, compreendemos que as ciências não são uma coleção de verdades e que a divisão das ciências em seus conteúdos específicos é sempre arbitrária. Abordamos também os problemas decorrentes do procedimento clássico no ensino de ciências: atividades de experiência, levantamento de hipóteses, confirmação ou não das hipóteses ao confrontá-las com a ciência oficial. Aparentemente temos neste campo mais restrições do que abertura de caminhos.

Entretanto, a interdisciplinaridade no estudo das ciências nos fornece o campo fértil onde plantar as atividades. O trabalho interdisciplinar pode partir de diferentes elementos centrais, que aqui chamamos de tema gerador, centros de interesse e datas comemorativas. Estes recursos estão presentes em boa parte dos projetos curriculares nas escolas de Educação Infantil. Para discutir a interdisciplinaridade, vamos às semelhanças e diferenças entre os três e a sua função nesta proposta curricular.

O *tema gerador* é um assunto de pesquisa que faz parte do universo de referências culturais do professor e de seus alunos, e que portanto é significativo para este grupo de trabalho. *Os centros de interesse* são assuntos que podem aglutinar um trabalho em seu entorno, mas que não necessariamente estão vinculados à realidade e à vida dos estudantes. E as *datas comemorativas* são aquelas conhecidas em nossa sociedade, como o 7 de setembro, o dia do índio, o dia da árvore, e assim por diante. Com alguma frequência os centros de interesse estão vinculados às datas comemorativas, podendo-se, por exemplo, ter a cultura popular como centro de interesse em agosto, por ser este o mês do folclore.

Para compreender como esses três elementos centrais têm sido usados no trabalho interdisciplinar, tomemos como exemplo um tema gerador, os animais. Aproveitando o álibi do tema, o professor poderia sentir-se à vontade para propor às crianças diversas atividades: ler um livro sobre bichos, fazer visita ao Jardim Zoológico, desenhar os bichos que mais gosta, escrever, cada um do seu jeito, os nomes dos bichos que conhece, e assim por diante.

Ora vejamos: quando lemos sobre os hábitos alimentares, procriação e *habitats* dos animais, de algum modo estamos no terreno das ciências – em história natural ou zoologia, e também no terreno da língua portuguesa, uma vez que o texto estará escrito em português; ao visitar o zoo, também estamos em história natural, além do estudo social, ou estudo do meio, que o passeio possibilita (também podemos, conforme mencionado no capítulo de matemática, usar o passeio para trabalhar noções espaciais); em uma atividade de desenho, estamos no terreno da arte, e ao escrever nomes estamos aprendendo português. De modo que, subjacente a cada atividade sugerida pelo tema gerador, existe pelo menos um objeto de conhecimento. Mas este objeto de conhecimento não só não aparece explicitamente, como, sobretudo, ele tem sua existência negada pelas críticas que a chamada escola alternativa fez à chamada escola tradicional.

É pela ausência da intencionalidade no ensino de objetos de conhecimento que o tema gerador funciona como álibi para organização do trabalho. Uma vez que na escola nova ou na alternativa o professor não deve ensinar português, matemática etc., e que ele deve respeitar o universo, os interesses e a livre-expressão das crianças, o tema gerador tem funcionado para muitos educadores como um porto seguro onde ancorar seu barco, que se encontrava à deriva. Chegar dia após dia na sala de aula sem ter um planejamento consistente para propor às crianças é uma verdadeira tortura para a professora, e o tema gerador parece permitir a realização de uma série de atividades interessantes e significativas.

Qual a desvantagem no uso do tema gerador sem intencionalidade educativa? Enquanto as crianças aprendem língua portuguesa, artes etc., usando um tema como carona, o professor está apenas explorando o tema "animais". Sendo assim, o professor não tem como avaliar os progressos na aprendizagem das crianças; quando finalmente o tema está exaustivamente explorado – ninguém aguenta mais ouvir falar em bichos, ele será abandonado para que se comece a investigar outro. Tudo aquilo que foi aprendido pelas crianças em artes, ciências etc., é abandonado com o tema, uma vez que não é observável pelo professor. Com o novo tema, o professor começa tudo da estaca zero. O mesmo acontece com o trabalho a partir de centros de interesse ou datas comemorativas, se ele não for ancorado na reflexão e planejamento a respeito dos objetos de conhecimentos que se intenta ensinar e aprender.

Temos então um rendimento pedagógico precário, porque o professor está desprovido de instrumentos de observação, avaliação e planejamento. Em outras palavras, o professor está desprovido de suas funções de mestre. Tudo se passa como no Mito de Sísifo: como é sabido, Sísifo foi condenado pelos deuses do Olimpo a carregar uma enorme pedra do sopé até o cimo de uma montanha. Quando, após um esforço hercúleo, Sísifo atingia o topo da montanha, a pedra rolava a encosta e nosso herói tinha que recomeçar a exaustiva tarefa.

Como aproveitar as virtudes interdisciplinares do tema gerador – riqueza e liberdade no aprendizado das crianças, com o domínio de ofício do professor? Basta que coloquemos o tema gerador, ou o centro de interesses, ou as datas comemorativas, a serviço dos objetivos de ensino e de aprendizagem, utilizando-os como estratégias de ensino e de aprendizagem, e não como espinha dorsal do projeto curricular.

Deste modo, o professor escolherá um tema que ele avalie como bom para dar continuidade ao trabalho com Língua Portuguesa, Matemática, Ciências e Artes que vem realizando em sua sala de aula, independentemente do vínculo que este tema originalmente tenha com a vida cotidiana das crianças, a realidade em que vivem, ou os seus interesses imediatos.

Reconstelamos o tema, dando a ele uma dimensão ampla e aprofundada: algo assim como um cenário que faz ressaltar suas cores e sentidos. Então, por exemplo, meios de transporte podem ser vistos no cenário da geografia e da história, como um estudo social. Investigaríamos quais são os meios de transporte utilizados em nossa sociedade, como eles foram se transformando ao longo da história da humanidade até sua forma atual (aproveitaríamos aí para estudar a história da roda), quais são os transportes mais adequados para cada segmento geográfico – barcos para os mares e rios; automóveis, trens e caminhões para a terra etc.; velocidades e eficiências com as quais se movimentam; usos que as pessoas diversas de uma sociedade fazem deles etc.

Um tema simples como este pode deste modo transformar-se em fonte inesgotável de recursos para que o professor faça um trabalho de ensino e de aprendizagem significativo com os objetos de conhecimento abrangidos pela Educação Infantil.

As datas comemorativas e os centros de interesse serão também ampliados. Por exemplo, no dia 19 de abril, em lugar de cantarmos com as crianças aquela mesma canção do indiozinho e fazermos para elas um cocar de cartolina a ser colorido, poderemos investigar as origens, modo de vida, mitos, idiomas, canções, hábitos alimentares, distribuição geográfica, ritos religiosos, influência das tribos na constituição da nação brasileira – que afinal de contas já existia muito antes de ser descoberta pelos aventureiros portugueses.

A Páscoa pode ser comemorada com mais alegria se fizermos com as crianças uma pesquisa sobre este importante acontecimento nas culturas judaica e cristã, bem como os diversos modos de comemorá-la em vários países do mundo. De onde vem, por exemplo, o costume de nesta data presentear as pessoas com ovos de Páscoa?

Em História, poderemos fazer com as crianças estudos sincrônicos, elegendo como tema gerador algum lugar do mundo em uma determinada época. Por exemplo, o Brasil na década de 1980, ou a Grécia antiga, ou o Egito antigo, ou a Europa na época da Renascença, e assim por diante.

Seguiríamos então o refrão da canção "Uma coisa de cada vez", do grupo brasileiro de *rock* Titãs: Uma coisa de cada vez/Tudo ao mesmo tempo agora. Caso tomássemos como assunto de investigação a Grécia antiga, buscaríamos em um mapa sua localização geográfica, buscaríamos informações sobre a arte praticada pelos gregos – talvez a mais importante da história da humanidade, e sobretudo leríamos para as crianças as histórias da mitologia grega, que há centenas de anos vêm encantando os homens: Zeus e Afrodite, Teseu e o Minotauro, Os doze trabalhos de Hércules, e assim por diante.

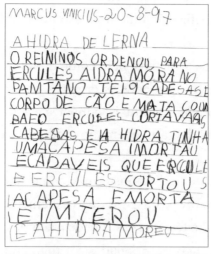

Marcus Vinicius (5; 10). Produção escrita a partir de leitura, pela professora, de textos da mitologia (Lucinha Magalhães).

No Egito poderíamos investigar, além da arte e da mitologia, a escrita dos números e a escrita das palavras, esta última uma escrita hieroglífica, em que os sinais utilizados são muito semelhantes à imagem dos objetos aos quais se referem. Contaríamos às crianças a história de Champollion (1790-1832), egiptólogo francês que pacientemente decifrou a escrita hieroglífica na pedra de Roseta, decreto sacerdotal em honra do Faraó Ptolomeu V, redigido em egípcio, fenício e grego. Pois não são também as crianças, ao tentar desvendar a nossa escrita alfabética, pequenos Champollions? Lembremo-nos que, se de fato existir um paralelismo entre a construção de nossa escrita – a sua história, e o modo como as crianças a reconstroem para poder compreendê-la, o resgate da história da escrita será um poderoso auxiliar nos processos de alfabetização e de ingresso no mundo dos livros e outros textos escritos.

Nas culturas africanas, bem como nas culturas indígenas, poderíamos investigar com as crianças as relações entre os deuses e os homens, os rituais, a música e a alimentação, que tanta influência tiveram, e têm, no modo de vida das pessoas do Brasil.

E, finalmente, indicamos o uso, como referencial básico para pensar em propostas, dos quatro elementos enquanto temas geradores: a terra e suas funções, a água e suas transformações, o ar e suas propriedades e o fogo com suas terríveis e fascinantes consequências.

Dois recursos que podem ser efetivos para organizar os conteúdos de ensino e de aprendizagem são os projetos e as sequências didáticas. Em uma pedagogia de projetos se elege um tema, ou, o que é ainda melhor, uma situação-problema, e se planeja o uso interdisciplinar de conteúdos das diversas áreas de conhecimento para se compreender o tema, ou buscar respostas consistentes para a situação-problema proposta.

Ciências
Projeto BRINCAR E APRENDER
Eixo temático RECURSOS TECNOLÓGICOS

procedimentais	atitudinais	conceituais	avaliar
• Manejar, confeccionar e testar brinquedos.	• Praticar o trabalho em pequenos grupos cooperando nas atividades de coleta de dados, tomada e registro de medidas e realização das etapas na confecção de brinquedos.	• Conhecer alguns processos artesanais e industriais na produção de brinquedos, reconhecendo as matérias-primas utilizadas em sua fabricação.	• Se o aluno é capaz de produzir e utilizar brinquedos em situações cooperativas. • Se o aluno compreende a noção de matéria-prima e identifica seu uso em brinquedos artesanais e industriais.
• Distinguir e comparar impulsões nos brinquedos causadas por diferentes fontes de energia.	• Recrear-se com brinquedos apreciando os efeitos causados por diferentes fontes de energia.	• Situar, reconhecer e aplicar energia como fonte do trabalho de movimentação de brinquedos.	• Se o aluno compreende que todo movimento provém de uma fonte energética capaz de gerar trabalho.

Planejamento para Ciências, em que os conteúdos são assumidos como procedimentais atitudinais e conceituais organizados em eixos temáticos. Escola Comunitária de Campinas, 2010.

Sequências didáticas são passos concatenados para se atingir uma meta, que podem ou não fazer parte de um projeto, como também podem ou não atender a uma situação-problema. Em uma sequência didática um passo anterior estrutura, ou dá fundamento para o seguinte, de modo a levar o aluno a compreensões cada vez mais abrangentes, e consistentes, do assunto estudado. Assim, uma etapa ou atividade seguinte da sequência didática contém as anteriores, sendo imprescindível para a aprendizagem significativa do tema em questão.

4.4 Instrumentos do professor

Livros, extensões da memória e da imaginação.

- Noções variadas sobre as diversas ciências.
- Materiais e recursos para realização de experiências.
- Livros e enciclopédias, internet para consulta.

Lembro aqui mais uma vez que também são instrumentos do professor para o trabalho em ciências os instrumentos constantes na introdução à proposta curricular: o marco curricular, a organização, a observação, a avaliação, o planejamento e as intervenções pedagógicas.

Aqui, entretanto, necessitamos de noções especializadas sobre ciências. O que é insubstituível e de valor inestimável são os livros, cito novamente, "extensões da memória e da imaginação" (Jorge Luis Borges), sem os quais ficaríamos perdidos em um mar de sensaboria. Atualmente existem muitos livros, bases de dado e referências disponíveis para pesquisa online, facilitando consideravelmente o acesso a esta "extensão da memória" e o esclarecimento dos conceitos específicos que serão trabalhados em cada atividade. Na internet é possível gerar ambientes de aprendizagem. Nestes ambientes, temas ou situações-problema são propostos, informações e aulas são compartilhadas para que os participantes intervenham no painel (na forma de *post*), produzindo conhecimento na rede aberta.

Outro grande e maravilhoso reservatório de noções encontra-se nas crenças populares. Por exemplo, trabalhando em botânica, poderemos investigar com as crianças os diferentes poderes de cura das plantas medicinais, e para isto o professor terá em seus conhecimentos prévios um instrumento privilegiado.

Assim como podemos inventar materiais para o trabalho com arte, podemos também criar recursos para as experiências científicas, usando sucatas – vidros, latas, barbantes, rolhas etc., os quatro elementos, os bichos e plantas e todos os outros recursos encontrados na natureza ou fabricados pelo homem.

Eva (4; 10). Figuras diversas e pseudoletras (Monique Deheinzelin).

III
O jogo

Na canção *João e Maria* (1976), Chico Buarque e Sivuca combatem a noite da ditadura então vigente no país com as luzes do jogo simbólico, o faz de conta que é a característica principal do pensamento infantil, sua forma primordial de construção e expressão. Baseada em conversas de crianças, a letra para música que Sivuca tinha composto em 1947, tem um tempo verbal que Chico chamou[69] de passado onírico – "Agora eu era o herói/e o meu cavalo só falava inglês". Não é sem razão que no extraordinário *show Paratodos* (1993), o público canta com Chico Buarque a canção *João e Maria*, na íntegra, em um coro afinado com aquilo que de melhor guardamos dentro de nós da experiência da infância. Jogo simbólico ou faz de conta revela-se em ações sem outra finalidade senão o caráter lúdico em assimilar uma realidade externa aos modos próprios da criança, transformando assim a situação inicial – como fazem Sivuca e Chico Buarque em sua canção.

---

69. Chico nos conta a história desta canção no vídeo https://www.youtube.com/watch?v=dzQrzgRLg6E [Acesso em 22/04/2015].

Brincando de médico

Depois de uma semana de muita gripe, com febre, tosse, nariz entupido, visita ao médico, Eva, com três anos de idade, pega um elefantinho de pelúcia, deita-o na cama, pega algodão, cotonete, vidro conta-gotas que lhe ofereço, e refaz com o brinquedo sua trajetória nesta semana: pinga remédio, briga e consola o elefantinho, diz a ele que não vai doer (pingar remédio na tromba), que ele precisa comer a comidinha... e assim por diante, durante mais de meia hora: o suficiente para que ela própria se refaça de todo o desconforto passado, e que aprenda com a própria experiência. No próximo resfriado sua conduta não será mais a mesma, tornando-se capaz – quem sabe! – de aceitar melhor os necessários medicamentos.

O jogo, como chave do pensamento da criança, torna-se uma ferramenta importantíssima e ocupa uma posição central na Educação Infantil. Não podemos jogar pela criança – individual ou coletivo, o jogo é um modo próprio da criança em lidar com diferentes tipos de situação. Até, pelo menos, os cinco anos de idade, o jogo é a forma de pensar por excelência da criança; em suas tentativas de compreender palavras e textos, os números, fenômenos naturais e tudo que lhe acontece na relação com outras pessoas, em seus desenhos e pinturas, a criança exerce sua função simbólica; representando ela coloca uma coisa no lugar de outra, elevando-a a outro patamar mais próximo à sua forma de ser e de pensar.

João (4; 7). "Essa é uma história muito importante" (Monique Deheinzelin).

Assim, na Educação Infantil importante é compreender estes movimentos interiorizados da criança, e que se expressam pelo jogo. Cabe a nós, professores e professoras, abrir espaço para a emergência do jogo, prover a criança de materiais que ela necessite, e com escuta apurada procurar compreender o ponto de vista da criança.

Do caminhão ao banho!

No tanque de areia contíguo à sala de aula, as crianças fazem dos bancos (cubos de madeira sem uma face), um caminhão. São crianças entre dois e três anos de idade, que tomam gravetos da árvore que nos envolve, sentam dentro do banco emborcado e seguem viajem, cada um na sua – ainda sem complementaridade de papéis, Brrr, bi biiii, vão em um único caminhão (não era trem – disseram) pela estrada fora, um motorista em cada banco. Então, um dos motoristas me solicita uma direção, ou volante, gesticulan-

→

do movimentos circulares. Entro na sala de aula à procura de algo, quando uma embalagem de papelão para pizza me parece perfeito. Entrego-a a ele, que pega a embalagem, sai do banco – e do caminhão, encaminha-se ao banheiro, pega um sabonete na pia, encosta a embalagem na parede, e faz de conta que está tomando banho! E aí, caro colega, o que você faria?

MONIQUE DEHEINZELIN. Escola Criarte, 1978.

Para conhecermos mais sobre a origem e a finalidade sem fim do jogo e refletir sobre como ele pode ser trabalhado em sala, traremos neste último capítulo algumas colocações fundamentais sobre este tema.

No centro da vida, para nós, seres humanos, o jogo cria a desejabilidade de seu objeto de ação. Envolvidos nas regras (externas ou criadas por nós) e materiais de um jogo, abrimos brechas para a criação de novas soluções, o que resulta em prazer e no desejo de jogar mais, aprender mais, avançar em nossas concepções. Isto porque o jogo promove transformações, na medida em que se baseia em imitações, como veremos adiante ao investigar o jogo de um ponto de vista piagetiano. Em função de seu poder de mudança, o caráter do jogo é erudito, transcende a ação em curso. Os jogos podem também ter regras a serem seguidas, mas permitem sempre múltiplas, ou infinitas, combinações de respostas dos jogadores.

O brinquedo promove diversões e baseia-se nas repetições. Brincar é trazer para perto de si uma situação já vivida, sem necessariamente transformá-la. O caráter do brinquedo pode ser considerado popular em virtude dos brinquedos serem transmitidos de pessoa a pessoa e de geração a geração pela manutenção das tradições que deram origem às brincadeiras.

Walter Benjamin, em artigo de 1928, escreve que
> há uma lei fundamental que, antes de todas as regras e leis particulares, rege a totalidade do mundo do brinquedo: a lei da repetição. Sabemos que para a criança ela é a alma do jogo; que nada alegra-a mais do que o "mais uma vez". O ímpeto obscuro pela repetição não é aqui no jogo menos poderoso, menos manhoso do que o impulso sexual no amor. E não foi por acaso que Freud acreditou ter descoberto um "além do princípio do prazer" nesse ímpeto. E, de fato, toda e qualquer experiência mais profunda deseja insaciavelmente, até o final de todas as coisas, repetição e retorno, restabelecimento de uma situação primordial da qual nasceu o impulso primeiro[70].

De acordo com Alexis N. Leontiev[71], colaborador de Vygotsky na escola sócio-histórica de Moscou, a brincadeira encontra seu impulso no próprio processo de jogar:
> No início do período pré-escolar do desenvolvimento de uma criança tornam-se evidentes vários

---

70. BENJAMIN, W. "Brinquedos e jogos". *Reflexões: a criança, o brinquedo, a educação*. Neste livro lemos artigos que Benjamin escreveu entre 1913 e 1932 sobre infância, jogos, brinquedos, livros infantis e educação. A tradução do original alemão é de M.V. Mazzari.

71. LEONTIEV, A.N. "Os princípios psicológicos da brincadeira pré-escolar". In: Vygotsky, L.S.; LURIA, A.R. & LEONTIEV, A.N. *Linguagem, desenvolvimento e aprendizagem*.

tipos de discrepância entre sua atividade – que já é bastante complexa neste estágio do desenvolvimento – e o processo de satisfação de suas necessidades vitais. A satisfação de suas necessidades vitais é, na realidade, ainda diferente dos resultados de sua atividade: a atividade de uma criança não determina e, essencialmente, não pode determinar a satisfação de suas necessidades de alimento, calor etc. Esta atividade é portanto caracterizada por uma ampla gama de ações que satisfazem necessidades que não se relacionam com seu resultado objetivo.

[...] Que tipo de atividade é caracterizado por uma estrutura tal que o motivo está no próprio processo? Ela nada mais é que a atividade comumente chamada "brincadeira"[72].

[...] [Para a criança] como se resolve esta contradição, a discrepância entre sua necessidade de agir, por um lado, e a impossibilidade de executar as operações exigidas pelas ações, por outro? Pode esta contradição ser resolvida? Ela pode ser solucionada, mas, para a criança, apenas por um único tipo de atividade, a saber, a atividade lúdica, em um jogo. Isto se deve ao fato de que um jogo não é uma atividade produtiva; seu alvo não está em seu resultado, mas na ação em si mesma. O jogo está, pois, livre do aspecto obrigatório da ação dada, a qual é determinada por suas condições atuais, isto é, livres dos modos obrigatórios de agir.

[...] Só no brinquedo as operações exigidas podem ser substituídas por outras e as condições do objeto podem ser substituídas por outras condi-

---

72. Ibid.

ções do objeto, com preservação do próprio conteúdo da ação.

O domínio de uma área mais ampla da realidade, por parte da criança – área esta que não é diretamente acessível a ela – só pode, portanto, ser obtido em um jogo. Por causa disso, o jogo adquire uma forma muito rara, qualitativamente diferente da forma do brinquedo que observamos em crianças bem pequenas, e neste mais alto estágio do desenvolvimento mental da criança o jogo agora torna-se verdadeiramente a principal atividade.

[...] O que é, em geral, a atividade principal? Designamos por esta expressão não apenas a atividade frequentemente encontrada em dado nível do desenvolvimento de uma criança. O brinquedo, por exemplo, não ocupa, de modo algum, a maior parte do tempo de uma criança. A criança pré-escolar não brinca mais do que três ou quatro horas por dia. Assim, a questão não é a quantidade de tempo que o processo ocupa. Chamamos atividade principal aquela em conexão com a qual ocorrem as mais importantes mudanças no desenvolvimento psíquico da criança e dentro da qual se desenvolvem processos cognitivos que preparam o caminho de transição da criança para um novo e mais elevado nível de desenvolvimento[73].

Como vimos com os trechos de Leontiev acima, o jogo é uma atividade que tem sua própria razão de ser e contém, em si mesma, o seu objetivo. Nos jogos, a novidade qualitativa reside no fato de que é o processo de aprendizagem em si, e não a realização de um produto, que fornece a motivação.

---

73. Ibid., p. 122.

Assim, os jogos não têm finalidades didáticas, mas proporcionam a quem brinca, ou joga, abertura a novos conhecimentos.

Prosseguindo na reflexão de Leontiev, observamos distinções entre jogos e brincadeiras.

> Há formas de brinquedos que diferem em seu conteúdo e origem. Há jogos, por exemplo, que só são disputados em uma certa situação e que desaparecem com ela; eles são individuais e não podem ser repetidos. Outro jogo começa repentinamente, é disputado, e desaparece para sempre; ele é produto de condições casuais e não tem tradição. Há também jogos tradicionais, como a amarelinha. As regras podem variar, e as maneiras de desenhar os quadrados também podem ser diferentes, mas os princípios do jogo permanecem inalterados.
>
> É um ponto interessante, indicado pela história do brinquedo, que alguns destes jogos existem há cem, ou até mesmo mil anos.
>
> Há também jogos com uma tradição mais curta: eles surgiram pela primeira vez em um certo grupo de crianças e são, em seguida, convertidos em um jogo tradicional apenas para esse grupo.
>
> Assim, o brinquedo varia de forma extraordinária não apenas em seu conteúdo, mas também em suas formas e origens [...][74].

As referências acima descrevem algumas das manifestações externas do jogo e da brincadeira. Entretanto, cabe a pergunta: Qual a gênese – a origem e o desenvolvimento do jogo?

---

74. Ibid., p. 124.

O início da representação

Jogos teatrais como forma de exercer a liberdade e responsabilidade:

"Poucas são as oportunidades oferecidas às crianças para interferir na realidade, de forma que possam encontrar a si mesmas. Seu mundo, controlado pelos adultos que lhe dizem o que fazer e quando fazer, oferece poucas oportunidades para agir ou aceitar responsabilidades comunitárias. A oficina de jogos teatrais oferece aos alunos a oportunidade de exercer sua liberdade, respeito pelo outro e responsabilidade dentro da comunidade da sala de aula".
VIOLA SPOLIN. *Jogos teatrais na sala de aula*, p. 30.

Do ponto de vista interno, do nosso modo de ser e de pensar, buscamos compreender a partir das pesquisas empreendidas por Jean Piaget e seus colaboradores na Escola de Genebra, que o jogo está intimamente relacionado com este acontecimento de capital importância para o pensamento humano que é o nascimento da representação, que permitirá à inteligência interiorizar-se em pensamento propriamente dito. Como podemos explicar esta formação da representação? A representação seguramente implica a constituição de uma função simbólica, isto é, uma diferenciação entre os significantes e os significados, posto que consiste em evocar significados não presentes e não pode evocá-los, portanto, mais que por meio de significantes diferenciados. Nos níveis sensório-motores que precedem o segundo ano de vida da criança, é certo que todas as condutas já manipulam significações, tomadas de objetos, dos gestos das pessoas etc., porém os únicos significantes utilizados são os indícios perceptivos ou sinais de condicionamento, quer dizer, significantes indiferenciados de seus significados e que não constituem, simplesmente, mais que uma de suas partes ou de seus aspectos. Não se dá ainda, portanto, a função simbólica, se a caracterizamos por uma diferenciação de significantes e significados. Com a representação, ao contrário se afirma uma diferenciação deste tipo; esta inclusive se apresenta como uma condição constitutiva do ato representativo como tal.

Na medida em que os "signos" verbais constituem uma das formas mais específicas de significantes diferenciados poderia pensar-se que a formação da representação está simplesmente ligada à aquisição da linguagem, a qual, pressupomos, é um fator capital. Porém se a linguagem, já totalmente organizada no meio social, e imposta à criança por transmissão educativa, tem certamente este papel no desenvolvimento da representação e do pensamento, ela não explica tudo, uma vez que restam dois problemas a resolver.

O primeiro é compreender por que a linguagem não aparece nem antes nem depois da possibilidade de representar e portanto em que contexto sua aquisição é favorável. Não basta a este respeito invocar o condicionamento, porque este é muito mais precoce. É preciso, portanto, recorrer a um contexto mais preciso de imitação, porém ainda se trata de determinar que tipo de imitação é esta, posto que existem muitas, algumas anteriores e outras contemporâneas da aquisição da linguagem.

O segundo problema é estabelecer se o signo verbal é o único dos significantes diferenciados ou se também outros intervêm no nascimento da representação; ver também se estes significantes são contemporâneos ou não da aquisição da linguagem, uma vez que um certo sincronismo pode ser indício de uma solidariedade.

Sobre este segundo problema é notável que, quando aprende a falar, a criança começa também a utilizar todo um sistema simbólico, porém baseado sobre os "símbolos" e não sobre os "signos" (considerando o símbolo como significante "motivado" ou parecido com seu significado e não "arbitrário" ou convencional como o "signo"): é o sistema de jogos simbólicos que sucedem aos simples jogos funcionais e de exercício, únicos aparecidos até aqui – na vida de bebê. A simbólica gestual destes jogos de ficção consiste assim essencialmente em uma imitação. [...]

Piaget continua seu pensamento:

esta presença da imitação em todas as formas de função simbólica que aparecem sincronicamente ao longo do segundo ano (e das quais veremos a seguir, mais uma delas, a imagem mental) me havia conduzido, quando escrevi *O nascimento da inteligência* em 1935, a considerar a imitação como o processo que assegura a transição entre a inteligência sensório-motora e a representação imaginada[75]. [...]

---

75. PIAGET, J. "El papel de la imitación en la formación de la representación". In: ZAZZO, R. *Psicologia y marxismo*, publicado na Revista *Infancia y Aprendizaje*, 1981, de onde utilizei o texto. A tradução do original em espanhol é minha.

A imitação já constitui uma espécie de representação, porém em atos e no sentido próprio de uma reprodução material do ato imitado, ainda sem nenhuma evocação mental ou representação interior. [...]

Admitir que a imitação sensório-motora se interioriza em imitação diferida, é supor que o elemento novo que intervém entre ambas, a saber, a imagem, não surge de forma exterior a este processo de interiorização, e sim resulta diretamente da própria imitação em seu poder de acomodação. A própria imagem seria, portanto, um produto da imitação[76].

A complementaridade de papéis

Rita, Loló, Morena e Lúcia, com idades entre cinco e seis anos de idade, engatinham no chão da classe, deitam de costas com as pernas para o alto, balbuciam, choram, chupam o dedo, puxam o cabelo uma da outra, se escondem atrás de almofadas: elas agora são os bebês perdidos da história de Peter Pan que eu vinha lendo, na roda. Mariana, seis meses mais nova que as amigas, aproxima-se, quer entrar no jogo: "Posso ser a mamãe?" "Não, Marianinha", responde Lúcia, saindo do jogo simbólico. "Se você for a mamãe nós vamos ser bebês achados e não perdidos". Está lógica é ainda inalcançável para Mariana, que põe-se a chorar – "vocês não gostam de mim!" Todas se

→

---

76. Ibid., p. 231.

levantam para acolher a amiga, olham para mim pedindo socorro, tenho que pensar rápido, proponho a elas fada Sininho?, e sinto que errei... Capitão Gancho! Pronto, o jogo segue seu curso, os bebês realmente perdidos diante daquele que mais temem, o terrível Capitão Gancho encarnado na pequena Mariana.

MONIQUE DEHEINZELIN. Escola da Vila, 1985.

De leituras aqui e ali, compreendemos da vasta obra de Piaget que as imagens mentais não são nunca uma cópia fiel da realidade, e sim resultantes da criação e combinação de esquemas cognitivos, isto é, de formas de representação do pensamento, sendo a imitação a mais primitiva, ou primeira delas. As formas da função simbólica – a imitação, o jogo

Eva (5; 11). Peixes e pássaros (Monique Deheinzelin).

simbólico, o desenho, as imagens mentais, a memória e a linguagem[77] – são criadas e combinam-se de acordo com possibilidades e necessidades do pensamento que acabam por transformar o real no nível das operações mentais.

Para Piaget, as coisas não nascem prontas e são sempre concebidas por operações que as colocam em outro plano, sempre novo, sempre o mesmo, transformando-as. Temos aqui possibilidades de compreender a imagem como pensamento.

> Em nível do pensamento científico moderno, a representação pode também centrar-se nas transformações como tais, tendendo menos a copiar que a operar e construir. [...] A corrente geral que leva à ciência propriamente operatória partir da ação e das técnicas, nos obriga, pois, a distinguir, em oposição aos aspectos meramente figurativos, um aspecto "operativo" da representação e do pensamento. [...] Uma operação pode ser simbolizada, porém enquanto ato contínuo continua sendo irrepresentável em imagens. Eu de minha parte diria que a figuração não é mais que um dos aspectos das coisas, e que os sistemas de transformação são outro a que se subordina o primeiro e que caracteriza a especificidade da ciência por oposição ao elemento figurativo conservado em comum com o mito[78].

Vemos então que o jogo, esta brincadeira originária da infância, tem um papel absolutamente fundamental para a

---

77. PIAGET, P. *A psicologia da criança*, p. 46-79.

78. PIAGET, P. *El papel de la imitación en la formación de la representación*, p. 232.

vida dos seres humanos: ele está na gênese do pensamento, da possibilidade de criar e transformar o mundo. E se, como vimos, as transformações são a chave do saber, compreende-se a importância dos jogos para a prática da educação. Para as nossas crianças até seis anos de idade, o jogo é a forma de pensamento por excelência e não um momento ou uma atitude opcional. Assim o jogo pode ser utilizado ou não pela intencionalidade educativa do professor, mas de todo modo estará sempre presente no coração e na mente, em todas as ações de todas as crianças.

São Paulo, 1º de agosto a 31 de dezembro de 1992.

1º de maio a 31 de dezembro de 2014.

Referências

ANDRADE, C.D. *Confissões de Minas*. São Paulo: Cosac Naify, 2011, p. 190.

ARGAN, G.C. *Arte moderna*. São Paulo: Companhia das Letras, 1992.

ASSESSORIA TÉCNICA DA FUNARTE. *Fazendo Artes*, n. 10, 1987. Rio de Janeiro.

BACHELARD, G. *A Terra e os devaneios da vontade* – Ensaio sobre a imaginação das forças. São Paulo: Martins Fontes, 1991, p. 2 [Trad. de P. Neves].

BENJAMIN, W. "Brinquedos e jogos". *Reflexões*: a criança, o brinquedo, a educação. São Paulo: Summus, 1984, p. 74-75 [Trad. de M.V. Mazzari].

BOLEN, J.S. *As deusas e a mulher* – Nova psicologia das mulheres. São Paulo: Paulinas, 1990 [Trad. de M.L. Remédio].

BONDÍA, J.L. "Notas sobre a experiência e o saber de experiência". *Revista Brasileira da Educação*, n. 19, jan.-abr./2002, p. 20-28. Rio de Janeiro.

_____. *Pedagogia profana*. São Paulo: Autêntica, 1999.

_____. *Imagens do outro*. Petrópolis: Vozes, 1998.

BRITO, T.A. *Música na Educação Infantil*. São Paulo: Peirópolis, 2003.

BRONOWSKI, J. *Um sentido do futuro*. Brasília: UnB [Trad. de S. Bath].

CARRAHER, T.N.; CARRAHER, D.W. & SCHILIEMANN, A. *Na vida dez, na escola zero*. São Paulo: Cortez, 2010.

CARVALHO, M.C. "Mostra de Matisse recria pintura moderna". *Folha de S. Paulo* – Ilustrada, 29/10/1992, cad. 4, p. 8.

CASTELLO, J. "Poeta diz que saída é virar Grécia antiga". *O Estado de S. Paulo*, 24/02/1992, cad. 2, p. 1.

CASTORINA, A.J.; FERREIRO, E.; LERNER, D. & OLIVEIRA, M.K. *Piaget-Vygotsky*: novas contribuições para o debate. São Paulo: Ática, 1996.

CHAUÍ, M. "Alegoria no reino da mercadoria". *Folha de S. Paulo* – Caderno Mais!, 05/09/1993, p. 6.

CHEDIAK, A. *Songbook Caetano Veloso*. 2. ed. rev. Rio de Janeiro: Lumiar, 1992.

COLE, M. "La zona de desarollo próximo: donde cultura y conocimiento se generan mutuamente". *Revista Infancia y Aprendizaje*, 1984, p. 5. Madri.

DAMÁSIO, A.R. *E o cérebro criou o homem*. São Paulo: Companhia das Letras, 2011 [Trad. de L.T. Motta].

DEHEINZELIN, M. *Móbiles da ação*: da cor à experiência estética. São Paulo: USP, 2013 [Tese de doutorado].

_____. "Com a mão na massa". *Revista Avisa Lá*, n. 36, out./2008. São Paulo: Instituto Avisa Lá.

_____. *Trilha*: educação, construtivismo. Petrópolis: Vozes, 1996.

_____. *Conhecimento de si, conhecimento do mundo*: fundamento e prática na Educação Infantil [no prelo].

DEHEINZELIN, M. & CAVALCANTI, Z. *Professor da pré--escola, vols. I e II*. Rio de Janeiro, FRM/MEC, 1991.

DEWEY, J. *Arte como experiência*. São Paulo: Martins, 2010 [Trad. de V. Ribeiro].

DUVE, T. *Fazendo escola (ou refazendo-a?)*. Chapecó: Argos, 2012.

FERREIRO, E. & TEBEROSKY, A. *A psicogênese da língua escrita*. Porto Alegre: Artes Médicas, 1986.

FRAGA, P. "João Cabral critica o 'clube dos líricos'". *Folha de S. Paulo* – Ilustrada, 02/09/1992, cad. 4, p. 6.

FURTER, P. *Educação e reflexão e educação e vida*. Petrópolis: Vozes, 1966.

GOMES PÉREZ, Á. "Más sobre la formación del profesorado". *Cuadernos de Pedagogía*, n. 139, 1986, p. 92-94. Barcelona.

HOLLANDA, C.B. *Chico Buarque, letra e música*. São Paulo: Companhia das Letras, 1990.

HOUAISS, A. (org.). *Novíssima Encliclopédia Delta Larousse*. Rio de Janeiro: Delta, 1982.

IAVELBERG, R. *Desenho na Educação Infantil*. São Paulo: Melhoramentos, 2013.

KLINK, A. *Paratii, entre dois pólos*. São Paulo: Companhia das Letras, 1992.

_____. *Cem dias entre o céu e o mar*. Rio de Janeiro: José Olympio, 1985.

KLINK, T.; KLINK, L. & KLINK, M. *Férias na Antártica*. São Paulo: Peirópolis, 2010.

KLISYS, A. [texto] & DALA STELLA, C. [ilust.]. *Quer jogar?* São Paulo: Sesc-SP, 2010.

LANGER, S. "A importância cultural da arte". *Ensaios filosóficos*. São Paulo: Cultrix, 1971.

LEONTIEV, A.N. "Os princípios psicológicos da brincadeira pré-escolar". In: VYGOTSKY, L.S.; LURIA, A.R. & LEONTIEV, A.N. *Linguagem, desenvolvimento e aprendizagem*. São Paulo: Ícone/USP, 1988.

LÉVI STRAUSS, C. *O cru e o cozido*. São Paulo: Brasiliense, 1991.

LOWENFELD, V. *A criança e sua arte*. São Paulo: Mestre Jou, 1977.

LOWENFELD, V. & BRITTAIN, W.L. *Desenvolvimento da capacidade criadora*. São Paulo: Mestre Jou, 1977.

MACHADO, M.C. *Pluft, o fantasminha e outras peças*. São Paulo: Nova Fronteira, 2009.

MARCUSE, H. *Eros e civilização*. Rio de Janeiro: Zahar, 1981.

MATISSE, H. *Escritos e reflexões sobre arte*. São Paulo: Cosac Naify, 2007 [Trad. de D. Bottmann].

MATOS, O. "Walter Benjamin, o princípio esperança". *Folha de S. Paulo* – Caderno Mais!, 12/07/1992, p. 5.

MATOS, O.C.F. *O iluminismo visionário*: Walter Benjamin, leitor de Descartes e Kant. São Paulo: Brasiliense, 1993.

MÁXIMO, J. & DIDIER, C. *Noel Rosa, uma biografia*. Brasília: UnB/Linha Gráfica, 1990.

MONTEIRO, P. *As crianças e o conhecimento matemático* – Experiências de exploração e ampliação de conceitos e relações matemáticas [Disponível em http://portal.mec.gov.br/index.php?Itemid=1096&id=15860&option=com_content&view=article – Acesso em ago./2014].

NETO, J.C.M. *Morte e vida severina e outros poemas*. São Paulo: Objetiva, 2007.

O'NEILL, A. *Liberdade sem medo*. São Paulo: Ibrasa, 1963.

OSTROWER, F. *Criatividade e processos de criação*. Petrópolis: Vozes, 2002.

PIAGET, J. *O possível e o necessário* – Vol. I: Evolução dos possíveis na criança. Porto Alegre: Artes Médicas, 1986 [Trad. de B.M. Albuquerque].

_____. *O possível e o necessário* – Vol. II: Evolução dos necessários na criança. Porto Alegre: Artes Médicas, 1986 [Trad. de B.M. Albuquerque].

_____. "Lo posible, lo imposible y lo necesario". *Infancia y Aprendizaje*, 1981, p. 111 [Este artigo compila o conteúdo de uma comunicação de Piaget preparada para a Piaget Society, USA, 1976. Original publicado em *Archives de Psychologie*, 1976, 44, p. 281-299].

_____. "El papel de la imitación en la formación de la representación". In: ZAZZO, R. *Psicologia y marxismo*. Madri: Pablo del Río, 1976 [Publicado na *Revista Infancia y Aprendizaje*, 1981. Madri].

_____. *A psicologia da criança*. São Paulo/Rio de Janeiro: Difel/Difusão Editorial, 1976.

_____. *O nascimento da inteligência na criança*. Rio de Janeiro: Zahar, 1970 [Trad. de Á. Cabral].

PIAGET, J. & GARCIA, R. *Psicogênese e história das ciências*. Lisboa: Dom Quixote, 1987.

POPPER, K. *A lógica da pesquisa científica*. São Paulo: Cultrix, 2013.

PORCHER, L. *Educação artística, luxo ou necessidade?* São Paulo: Summus, 1982.

SAVIANI, D. "Escola e democracia ou a Teoria da Curvatura da Vara". *Ande*, vol. 1, n. 1, 1981, p. 23-33. São Paulo [Compilado em SAVIANI, D. *Escola e democracia*. Edição comemorativa. Campinas: Autores Associados, 2008 [Coleção Educação Contemporânea]].

SPOLIN, V. *Jogos teatrais na sala de aula*. São Paulo: Perspectiva, 2010.

TATIT, A & MACHADO, M.S.M. *300 propostas de artes visuais*. São Paulo: Loyola, 2006.

TEBEROSKY, A. *Psicopedagogia da linguagem escrita*. Petrópolis: Vozes, 1993.

_____. "El lenguaje escrito y la alfabetización". *Revista Lectura y Vida*, ano 11, n. 3, 1990. Buenos Aires.

TEBEROSKY, A. & CARDOSO, B. *Reflexões sobre o ensino da leitura e da escrita*. Petrópolis: Vozes, 1993.

VELOSO, C. "Caetano fala de seus mitos ao 'NYT'". *O Estado de S. Paulo*, 10/09/1992, cad., 2, p. 60.

WHITEHEAD, A.N. *Os fins da educação e outros ensaios*. São Paulo: Companhia Editora Nacional/USP, 1969.

WISNIK, J.M. *O som e o sentido, uma outra história das músicas*. São Paulo: Companhia das Letras, 1989.

Índice

Sumário, 7

Prefácio à 11ª edição, 9

Prefácio, 13

Apresentação, 19

Entrevistando Caetano Veloso, 39

Introdução, 55

I – Marco curricular, 59

    1 Nível antropológico, 60

    2 Nível filosófico, 68

    3 Nível psicológico, 74

        3.1 O possível e o necessário, 77

        3.2 Zona de desenvolvimento potencial, 85

    4 Nível pedagógico, 88

        4.1 Intencionalidade educativa – Juntar a fome com a vontade de comer, 89

II – Projeto curricular, 95

    1 Língua Portuguesa, 110

        1.1 Literatura e Linguística, 118

1.2 Objetivos de ensino e de aprendizagem, 131

1.3 Estratégias de ensino e de aprendizagem, 134

1.4 Instrumentos do professor, 139

2 Matemática, 153

2.1 Aritmética e geometria, 159

    2.1.1 Um passo atrás e dois passos à frente, 162

    2.1.2 Em base dez!, 167

2.2 Objetivos de ensino e de aprendizagem, 170

2.3 Estratégias de ensino e de aprendizagem, 175

2.4 Instrumentos do professor, 186

3 Arte, 191

3.1 Desenho, pintura, escultura, música, teatro, dança, 200

3.2 Objetivos de ensino e de aprendizagem, 210

3.3 Estratégias de ensino e de aprendizagem, 217

    3.3.1 Desenho, 220

    3.3.2 Pintura, 227

    3.3.3 Colagens e esculturas, 230

    3.3.4 Música e dança, 233

    3.3.5 Teatro, 236

3.4 Instrumentos do professor, 241

    3.4.1 Técnica, 242

4 Ciências, 248

4.1 Ciências Humanas e da Natureza, 261

4.2 Objetivos de ensino e de aprendizagem, 269

4.3 Estratégias de ensino e de aprendizagem, 273

4.4 Instrumentos do professor, 282

III – O jogo, 285

Referências, 301

CULTURAL

Administração
Antropologia
Biografias
Comunicação
Dinâmicas e Jogos
Ecologia e Meio Ambiente
Educação e Pedagogia
Filosofia
História
Letras e Literatura
Obras de referência
Política
Psicologia
Saúde e Nutrição
Serviço Social e Trabalho
Sociologia

CATEQUÉTICO PASTORAL

Catequese
Geral
Crisma
Primeira Eucaristia

Pastoral
Geral
Sacramental
Familiar
Social
Ensino Religioso Escolar

TEOLÓGICO ESPIRITUAL

Biografias
Devocionários
Espiritualidade e Mística
Espiritualidade Mariana
Franciscanismo
Autoconhecimento
Liturgia
Obras de referência
Sagrada Escritura e Livros Apócrifos

Teologia
Bíblica
Histórica
Prática
Sistemática

REVISTAS

Concilium
Estudos Bíblicos
Grande Sinal
REB (Revista Eclesiástica Brasileira)
SEDOC (Serviço de Documentação)

VOZES NOBILIS

Uma linha editorial especial, com importantes autores, alto valor agregado e qualidade superior.

VOZES DE BOLSO

Obras clássicas de Ciências Humanas em formato de bolso.

PRODUTOS SAZONAIS

Folhinha do Sagrado Coração de Jesus
Calendário de mesa do Sagrado Coração de Jesus
Agenda do Sagrado Coração de Jesus
Almanaque Santo Antônio
Agendinha
Diário Vozes
Meditações para o dia a dia
Encontro diário com Deus
Guia Litúrgico

CADASTRE-SE
www.vozes.com.br

EDITORA VOZES LTDA.
Rua Frei Luís, 100 – Centro – Cep 25689-900 – Petrópolis, RJ
Tel.: (24) 2233-9000 – Fax: (24) 2231-4676 – E-mail: vendas@vozes.com.br

UNIDADES NO BRASIL: Belo Horizonte, MG – Brasília, DF – Campinas, SP – Cuiabá, MT
Curitiba, PR – Florianópolis, SC – Fortaleza, CE – Goiânia, GO – Juiz de Fora, MG
Manaus, AM – Petrópolis, RJ – Porto Alegre, RS – Recife, PE – Rio de Janeiro, RJ
Salvador, BA – São Paulo, SP